古典文獻研究輯刊

三八編

潘美月・杜潔祥 主編

第 37 冊

太玄集義（第一冊）

劉韶軍 整理

國家圖書館出版品預行編目資料

太玄集義（第一冊）／劉韶軍 整理 -- 初版 -- 新北市：花木
蘭文化事業有限公司，2024〔民 113〕
目 4+154 面；19×26 公分
（古典文獻研究輯刊 三八編；第 37 冊）
ISBN 978-626-344-740-0（精裝）
1.CST：（漢）楊雄 2.CST：太玄 3.CST：注釋
011.08   112022605

ISBN-978-626-344-740-0

9 786263 447400

古典文獻研究輯刊
三八編　第三七冊　　　　ISBN：978-626-344-740-0

太玄集義（第一冊）

作　　者　劉韶軍（整理）
主　　編　潘美月、杜潔祥
總 編 輯　杜潔祥
副總編輯　楊嘉樂
編輯主任　許郁翎
編　　輯　潘玟靜、蔡正宣　美術編輯　陳逸婷
出　　版　花木蘭文化事業有限公司
發 行 人　高小娟
聯絡地址　235 新北市中和區中安街七二號十三樓
　　　　　電話：02-2923-1455／傳真：02-2923-1452
網　　址　http://www.huamulan.tw 信箱 service@huamulans.com
印　　刷　普羅文化出版廣告事業
初　　版　2024 年 3 月
定　　價　三八編 60 冊（精裝）新台幣 156,000 元　　
版權所有・請勿翻印

太玄集義（第一冊）

劉韶軍 整理

作者簡介

劉韶軍，男，漢族，華中師範大學歷史文化學院所屬歷史文獻學研究所教授，博士生導師。1980 年代跟隨張舜徽先生攻讀研究生，獲歷史學碩士及博士學位，此後即在華中師範大學任教。多年來一直從事歷史文獻學研究，從事古籍整理與研究，從事古代思想史及其文獻的研究與整理。著作有《楊雄與〈太玄〉研究》（人民出版社 2011 年）、《太玄集注（新編諸子集成）》（中華書局 1996 年）、《宋論全注全譯》（中華書局 2019 年）、《宋元韜略》（崇文書局 2023 年）、《慧眼觀人生》（海燕出版社 2013 年）、《太玄校注》（華中師範大學出版社 1996 年）、《重訂莊子集注（古籍整理）》（上海古籍出版社 2015 年）、《續脩四庫全書提要·史部》（上海古籍出版社 2012 年）等。

提　　要

　　《太玄》，是西漢學者楊雄的重要著作，自問世時就被稱為難知難解，後又一直受到眾多學者的關注，人們的評價褒貶不一，歷代不斷有學者為《太玄》一書作注，以闡釋其中的內容。《太玄集義》是對現存《太玄》歷代注釋的匯集整理，共收集了晉代范望到清代陳本禮等十二種，並盡量收集了歷代學者關於楊雄及《太玄》的各種評論。本書將這些資料收集在一起，按時代先後編排，並在整理時對其中存在的一些問題進行了自己的考證與評論。可供現在的學者研究楊雄及其《太玄》時加以參考。

目

次

前　言

　　《太玄》，西漢楊雄撰，《集義》，劉韶軍彙集現存歷代學者的《太玄》注釋，取彙集眾家釋義之意。《太玄》為西漢學者楊雄〔註1〕的名著，自問世以來，有不少學者對此書作注。據筆者調查統計，《太玄》的注本（包括存世及佚亡者）共有64種，明清以後又有學者對《太玄》進行校勘而留存的校語資料共14種〔註2〕。清以後學者對《太玄》的研究，著重探討其中的思想內涵，只有鄭萬耕的《太玄校釋》是為《太玄》全書作注，1989年由北京師範大學出版社。山東大學高亨先生生前準備注釋《太玄》，但未能如願，其後董治安先生繼承此事，曾在一些刊物上發表過所注的部分內容〔註3〕，但全注迄今未見問世。國外為《太玄》全書作注者，只有日本鈴木由次郎的《太玄經》，昭和四十七年（1972）由日本的明德出版社出版。

〔註1〕楊雄的姓是作「楊」還是作「揚」，許多學者都沒有徹底追究，而沿用作「揚」的通例。其實在明監本以前的《漢書》諸版本中，或作「楊」，或作「揚」，並無一定。自明監本起，始全部改作「揚」。清代王念孫《讀書雜志》中對此事做了專門考証，他據多種版本及漢《鄭固碑》，考証論定應當作「楊」而不當作「揚」。此後王先謙《漢書補注》、汪榮寶《法言義疏》、楊樹達《漢書窺管》均從王念孫說，但人們仍沿用通例而未採用王念孫說。筆者拙作《太玄大戴禮研究》（武漢出版社，1991年，其中《太玄》研究為筆者所作，《大戴禮》研究則為師弟謝貴安所作，由我們的指導老師李國祥先生作主合為一集資助出版）第79～81頁，專門据王念孫等人所論而闡明此事，認為當從王念孫說，故本書一律作「楊雄」，而不作「揚雄」。為避免誤會，特此說明。《集義》中引用諸家注語，其中原作「揚」者，一仍其舊，以存注家本來面目。

〔註2〕關於《太玄》的歷代版本源流，筆者在國家後期資助項目《楊雄及太玄研究》（人民出版社2012年出版）中有專門的考論，有興趣者可加參考。

〔註3〕見山東大學學報（哲社版）1989年第4期1～7頁《太玄經釋義（選載）》。

—1—

　　筆者 1983～1987 年間跟隨張舜徽先生攻讀碩士、博士研究生時，專業方向為古籍整理與研究，故選擇了《太玄》進行整理研究。當時鄭萬耕的注尚未問世，亦不知高、董注釋事，而限於條件，亦未能看到鈴木注〔註4〕。經五年多的時間，筆者分別完成兩項成果，一是作為碩士論文的《太玄校正》，共 12 萬多字（近年又做補充，約 13 萬字多），一是作為博士論文的《太玄校注》，共 36 萬字。《太玄校正》主要校勘考正《太玄》原文在不同版本中的訛誤異同，《太玄校注》則在《校正》的基礎上，參考前人舊注而對《太玄》原書全文所述義旨提出自己的解釋。

　　《校正》中的部分內容，收在《太玄大戴禮研究》〔註5〕一書中，《校注》則以原名收入華中師範大學出版社「華中師範大學學術文庫」，於 1996 年正式出版。「學術文庫」規定每種書不能超過 25 萬字，故在出版時不得不對《校注》進行大幅度壓縮，砍掉了 10 萬字，只保留了 26 萬字。壓縮掉的內容都屬相關的考証，由於缺少了這些考証，故正式出版的《太玄校注》之釋義顯得單薄。近年蒙四川大學舒大剛先生主持的《巴蜀全書》同意將《太玄校注》收入其中，趁此機會對《校注》做了全面修改，把原來刪掉的內容都補充進去了。

　　1985 年，筆者還在跟隨張舜徽先生攻讀研究生，看到當時國務院古籍整理工作領導小組制定頒布的「古籍整理十年規劃重點項目」，其中有中華書局組織編集的《新編諸子集成》，其中列有宋司馬光《太玄集注》整理一項，即與書局聯繫，表示願意承擔《太玄集注》的校點工作，書局同意後我即完成了校點，到 1998 年正式出版問世。

　　2000 年，我向教育部高等學校古籍整理工作委員會申報了《太玄集義》的項目，《集義》的設想是仿游國恩先生《離騷纂義》《天問纂義》之例，把歷代學者關於《太玄》注釋中的不同見解彙集起來，由此可知歷代學者對於《太

〔註4〕1999 年到日本東北大學文學部中國思想研究室做客員研究員時，始見其書，複印後帶回國。

〔註5〕《太玄大戴禮研究》，為李國祥先生主編的「中國歷史文獻整理研究論叢」之一種，由我的《太玄研究》和謝貴安的《大戴禮研究》合為一書，1991 年由武漢出版社出版。此書中的《太玄研究》共 10 萬字左右，由「《太玄》版本考述」、「《太玄》校考選」、「楊雄生平考述——《漢書・楊雄傳》之整理」三部分組成，其中只有《太玄校考選》為碩士論文《太玄校正》中的內容，《校正》所考共 307 條，此書僅收其中的 10 條而已，其餘的考正仍未發表。近年抽暇對《校正》做了補充，重新寫定。

玄》的解釋與理解，對於探討《太玄》的思想內涵可為寶貴的參考。這一申請，得到高校古委會的批准，經數年努力，將當年整理研究《太玄》時搜羅的諸家注說彙集成冊，即為《太玄集義》。此次蒙臺灣花木蘭文化事業有限公司允於正式出版，使我多年的整理研究終於得以問世。

關於《太玄集義》的說明：

一、收入歷代《太玄》注釋的各家注說，按《太玄》原文，依時代次序將各家注說排列於原文之下。

二、《太玄》原文，根據《漢書·楊雄傳》所說，分為《太玄》一、二、三卷，是《太玄》的八十一首之文，其後為《楊雄傳》中所說「解剝」《太玄》的十一篇專文，作為第四卷，不用世間流行的分卷法。

三、本來想把自己關於《太玄》的理解補在前人注說之下，但因為已有《太玄校注》，自己的理解都收在此書中了，故《集義》中不再收本人的看法與理解，只列前人的各家注說。

四、《集義》所收前人注說，共十二種：

1. 晉范望《太玄解贊》，據明萬玉堂翻宋本，《四部叢刊》內有影印本。范望僅注《太玄》八十一首七百二十九贊，未注八十一首之外的十一篇。十一篇的情況，見《漢書·楊雄傳》。明萬玉堂范望本夾有宋人注，是南宋張寔校理此書時的注，不是對原文的注，而是對其書版式及其書若干體例的說明，本書引用此類注語時一律稱之為「張寔注」。所以定為張寔，見筆者的文章《司馬光集注非合成許翰〈玄解〉而為十卷本》（發表於中華書局出版的《古籍整理與研究》第七期。

2. 宋司馬光《太玄集注》，有《道藏》本、明抄本、明張士鎬本、明《永樂大典》本、明萬曆間刻本、清五柳居書坊本等（這些版本有的包括宋代許翰《太玄解》，有的則不包括），本人已據諸本做了校點（包括司馬光《集注》與許翰《解》，由中華書局1998年出版。《集義》時據本人整理本錄入。

3.《太玄集注》宋本殘卷，僅有卷六窮首至失首次七，藏於國家圖書館善本部，本人在攻讀博士研究生時，到該部將其全部錄下。

4. 宋林希逸《太玄注》。

5. 元胡一桂《太玄集注》。

6. 宋陳仁子《太玄注》。

7. 胡次和《太玄集注》，錄有范望、司馬光、章察（又作詧）、鄭氏等人注，以上四家在現存《永樂大典》卷四九二四至四九三四中，有中華書局 1960 年影印本，《集義》中分各家分別錄入其說。

8. 明葉子奇《太玄本旨》，明正德九年劉斐刊本。

9. 清陳本禮《太玄闡秘》，光緒二十八年《聚學軒叢書》刊本。

10. 清焦袁熹《太玄解》，《藝海珠塵》叢書本。

11. 清鄭維駒《太玄經易補注》，湖北省圖書館收藏，清光緒十七年刊本。

12. 清俞樾《太玄平議》，在《諸子平議》中，清同治六年刊本。

13. 清孫詒讓《札迻》中關於《太玄》的考證，中華書局 1989 年整理本。

14. 清吳汝孫《點勘太玄讀本》，清宣統三年衍星社排印本。

15. 清孫澍增補《太玄集注》，清道光十一年刊本。

16. 民國江紹原《太玄新解》，連載於 1936～1937 年北平《華北日報》「中國古占卜術研究」專欄內。

17. 日本鈴木由次郎《太玄經》，1972 年日本東京明德社出版，原文日文，《集義》中已譯成中文。

18. 當代高亨、董治安《太玄注》，載《山東大學學報》1989 年第 4 期。

19. 當代馮契主編《中國歷代哲學文選》上冊對《太玄·玄攡》部分內容的注釋，上海古籍出版社 1991 年版。其原文是據《四部叢刊》本《太玄》，所加的注釋基本上是據古注略加解釋，沒有自己的看法。

五、當代又有鄭萬耕的《太玄校釋》，此書易尋，《集義》不收。現當代學人有關《太玄》的著作與論文中相關內容，因非對《太玄》原文的直接注說，故《集義》不收。

六、歷代注家的序跋論說（如晉陸績《述玄》、唐王涯《說玄》、司馬光《讀玄》、《說玄》及各家注說的序說等）、學者關於《太玄》的論說（如宋代蘇洵《太玄論》、《太玄總例》等，此類《永樂大典》中收入較多，選重要者加入附錄）一類文字，本人撰寫《楊雄與〈太玄〉研究》時，加以收集，作為這一項目的附錄，這類評說直接與《太玄》的釋義有關，故仍附錄於《集義》之後，以便參考。

七、集義的格式

1. 首先列出《太玄》原文，八十一首以一贊為一節，八十一首之外的十一篇，據原文分段列出。

2. 在原文之下按時代先後排列各家注說，為便於區分，原文用黑體小四號字，注文用宋體五號字。

3.《太玄》原文，據明萬玉堂范望《太玄解贊》本，其中有訛誤者，據拙著《太玄校注》改，在腳注中加以說明。

4. 輯錄各家舊說，盡量保持其原文，不加改動或刪減。

5. 所錄各家注說，不一一注明出處，參見前述所列各家注釋名目。注文中有誤字者，在頁下以腳注加以說明。

6. 本書全書用繁體字，避諱缺筆字徑改不出校，遇有古體字、異體字，均改為通行繁體字，不一一說明。通假字一律不改。

八、《太玄》的分卷，在《漢書‧楊雄傳》中關於《太玄》如何分卷已有明確的記述：「故《玄》三方、九州、二十七部、八十一家、二百四十三表、七百二十九贊，分為三卷，曰：一、二、三」〔註6〕。可知其本來分卷是按三方分為三卷，三方即三玄：天玄、地玄、人玄的另一種說法，可知楊雄所撰《太玄》當時即按三方而分為三卷，其名即為卷一、卷二、卷三。後來流傳過程中，出現了多種版本，其分卷也多有不同，但均非楊雄本人最初的分法，因此本人在纂輯集義時根據《漢書》所說而恢復楊雄《太玄》的分卷。

九、三卷之外的十一篇。卷一、二、三是《太玄》八十一首的分卷，八十一首之外又有首辭、測辭的系聯問題。本來《首》、《測》二篇是獨立的篇章，如《楊雄傳》所說：

為其泰曼漶而不可知，故有《首》《衝》《錯》《測》《攡》《瑩》《數》《文》《掜》《圖》《告》十一篇。

其中的《首》《測》二篇中本來屬於八十一首的首辭及屬於七百二十九贊的贊辭，本各是獨立的一篇，後來的流行本則把它們分散到八十一首之中，即晉范望《解贊》卷首序中所說：「並首一卷，本經之上，散測一卷，注文之中，訓理其義，以測為據，合為十卷。」可知現在這種編排，也非楊雄《太玄》本來的面貌。不過這種分散編排有助於理解八十一首與七百二十九贊的文義，本書整理時，仍然保持不變，以便閱讀理解。只將無法列於八十一首首贊之中的《玄首》和《玄測》二篇的「序」列於卷四的十一篇之中，仍題《玄首序》《玄測序》。

〔註6〕《漢書‧楊雄傳》，中華書局 1962 年版，第 3575 頁，以下凡引《漢書》均據中華書局此版。

十、《太玄》八十一首的首象

明代萬玉堂本范望《太玄解贊》的范注之中附有宋代人關於《太玄》的校語：

楊氏始作之本，已畫方、州、部、家四位，定五行之矹，分七百二十九贊，為天、地、人三玄。惟宋、陸注本〔註7〕不畫首象，其餘侯芭、虞翻注本並畫首象。近世林氏撰《玄後序》云：「瑀今以舊經方、州、部、家隨首畫象，以四位之數列首之下，五行之性〔註8〕，參次其中，三材之儀，各從方位，升測之辭，散於贊末」，若此數事，皆范叔明注時所定，今林氏以為己意，未知孰是。

已畫方、州、部、家四位，即所謂「首象」，指八十一首各首的方、州、部、家四重的數字之畫像（如中首為☰，簡稱「首象」），此與《周易》的各卦的卦畫之像（如乾卦的☰）類似。楊雄撰作《太玄》之時，已為各首定出其畫數，為其「首象」，即《楊雄傳》所說：

觀《玄》者，數其畫而定之。《玄》首四重者，非卦也，數也。

「數其畫」的「畫」，與各首的四重，都是數的表示，數只分一、二、三，用—、--、… 三個符號來表示（第一、二個符號與《周易》的陽爻、陰爻相似，但不是同樣的意義），按方、州、部、家分為四層，稱為「四重」。根據一、二、三的四重（重即層）變化，分出八十一首的順序。如中首的首象為☰，從上向下為方、州、部、家四重，四重都是一，即為一方一州一部一家，為八十一首的第一首，到八十一首的最後一首為養首，四重首象為☷，即為三方三州三部三家。

《太玄》模仿《周易》，故其結構大體類似《周易》。《太玄》正文為八十一首，如同《周易》的六十四卦。《太玄》一首又稱一家，三家歸為一部，三部歸為一州，三州歸為一方，三方統歸一玄。這樣就是一玄、三方、九州、二十七部、八十一家（首）。各家（首）都有其名其數，這就是《玄首》序中所說的「方州部家，三位疏成。曰陳其九九，以為數生，贊上群綱，乃綜乎名，八十一首，歲事咸貞。」

〔註7〕指宋衷和陸績。宋衷為東漢章陵人，曾任五業主事，陸績為三國吳吳郡人，曾任鬱林太守。
〔註8〕「五行之性」原作「姓」，「各從方位」原作「立」，盧文弨《太玄校正》以為「性」作「姓」訛，此均據《永樂大典》本改。

為明瞭起見，現將《太玄》八十一首之數、名及其讀法排列如下。

第一首，中首，首象䷀，數序：1111，讀法：一方一州一部一家

第二首，周首，首象䷀，數序：1112，讀法：一方一州一部二家

第三首，礥首，首象䷀，數序：1113，讀法：一方一州一部三家

第四首，閑首，首象䷀，數序：1121，讀法：一方一州二部一家

第五首，少首，首象䷀，數序，1122，讀法：一方一州二部二家

第六首，戾首，首象䷀，數序，1123，讀法：一方一州二部三家

第七首，上首，首象䷀，數序，1131，讀法：一方一州三部一家

第八首，干首，首象䷀，數序，1132，讀法：一方一州三部二家

第九首，𡵂首，首象䷀，數序，1133，讀法：一方一州三部三家

第十首，羨首，首象䷀，數序，1211，讀法：一方二州一部一家

第十一首，差首，首象䷀，數序，1212，讀法：一方二州一部二家

第十二首，童首，首象䷀，數序，1213，讀法：一方二州一部三家

第十三首，增首，首象䷀，數序：1221，讀法：一方二州二部一家

第十四首，銳首，首象䷀，數序：1222，讀法：一方二州二部二家

第十五首，達首，首象䷀，數序：1223，讀法：一方二州二部三家

第十六首，交首，首象䷀，數序：1231，讀法：一方二州三部一家

第十七首，㫄首，首象䷀，數序：1232，讀法：一方二州三部二家

第十八首，徯首，首象䷀，數序：1233，讀法：一方二州三部三家

第十九首，從首，首象䷀，數序：1311，讀法：一方三州一部一家

第二十首，進首，首象䷀，數序：1312，讀法：一方三州一部二家

第二一首，釋首，首象䷀，數序：1313，讀法：一方三州一部三家

第二二首，格首，首象䷀，數序：1321，讀法：一方三州二部一家

第二三首，夷首，首象䷀，數序：1322，讀法：一方三州二部二家

第二四首，樂首，首象䷀，數序：1323，讀法：一方三州二部三家

第二五首，爭首，首象䷀，數序：1331，讀法：一方三州三部一家

第二六首，務首，首象䷀，數序：1332，讀法：一方三州三部二家

第二七首，事首，首象䷀，數序：1333，讀法：一方三州三部三家

第二八首，更首，首象䷀，數序：2111，讀法：二方一州一部一家

第二九首，斷首，首象䷀，數序：2112，讀法：二方一州一部二家

第三十首，毅首，首象䷀，數序：2113，讀法：二方一州一部三家

第三一首，裝首，首象䷀，數序：2121，讀法：二方一州二部一家

第三二首，眾首，首象䷀，數序：2122：讀法：二方一州二部二家

第三三首，密首，首象䷀，數序：2123，讀法：二方一州二部三家

第三四首，親首，首象䷀，數序：2131，讀法：二方一州三部一家

第三五首，斂首，首象䷀，數序：2132，讀法：二方一州三部二家

第三六首，彊首，首象䷀，數序：2133，讀法：二方一州三部三家

第三七首，睟首，首象䷀，數序：2211，讀法：二方二州一部一家

第三八首，盛首，首象䷀，數序：2212，讀法：二方二州一部二家

第三九首，居首，首象䷀，數序：2213，讀法：二方二州一部三家

第四十首，法首，首象䷀，數序：2221，讀法：二方二州二部一家

第四一首，應首，首象䷀，數序：2222，讀法：二方二州二部二家

第四二首，迎首，首象䷀，數序：2223，讀法：二方二州二部三家

第四三首，遇首，首象䷀，數序：2231，讀法：二方二州三部一家

第四四首，竈首，首象䷀，數序：2232，讀法：二方二州三部二家

第四五首，大首，首象䷀，數序：2233，讀法：二方二州三部三家

第四六首，廓首，首象䷀，數序：2311，讀法：二方三州一部一家

第四七首，文首，首象䷀，數序：2312，讀法：二方三州一部二家

第四八首，禮首，首象䷀，數序：2313，讀法：二方三州一部三家

第四九首，逃首，首象䷀，數序：2321，讀法：二方三州二部一家

第五十首，唐首，首象䷀，數序：2322，讀法：二方三州二部二家

第五一首，常首，首象䷀，數序：2323，讀法：二方三州二部三家

第五二首，度首，首象䷀，數序：2331，讀法：二方三州三部一家

第五三首，永首，首象䷀，數序：2332，讀法：二方三州三部二家

第五四首，昆首，首象䷀，數序：2333，讀法：二方三州三部三家

第五五首，減首，首象䷀，數序，3111，讀法：三方一州一部一家

第五六首，唫首，首象䷀，數序，3112，讀法：三方一州一部二家

第五七首，守首，首象䷀，數序，3113，讀法：三方一州一部三家

第五八首，翕首，首象䷀，數序，3121，讀法：三方一州二部一家

第五九首，聚首，首象䷀，數序，3122，讀法：三方一州二部二家

第六十首，積首，首象䷀，數序，3123，讀法：三方一州二部三家

第六一首，飾首，首象䷀，數序，3131，讀法：三方一州三部一家

第六二首，疑首，首象▦，數序，3132，讀法：三方一州三部二家

第六三首，視首，首象▦，數序，3133，讀法：三方一州三部三家

第六四首，沈首，首象▦，數序，3211，讀法：三方二州一部一家

第六五首，內首，首象▦，數序，3212，讀法：三方二州一部二家

第六六首，去首，首象▦，數序，3213，讀法：三方二州一部三家

第六七首，晦首，首象▦，數序，3221，讀法：三方二州二部一家

第六八首，瞢首，首象▦，數序，3222，讀法：三方二州二部二家

第六九首，窮首，首象▦，數序，3223，讀法：三方二州二部三家

第七十首，割首，首象▦，數序，3231，讀法：三方二州三部一家

第七一首，止首，首象▦，數序，3232，讀法：三方二州三部二家

第七二首，堅首，首象▦，數序，3233，讀法：三方二州三部三家

第七三首，成首，首象▦，數序，3311，讀法：三方三州一部一家

第七四首，闞首，首象▦，數序，3312，讀法：三方三州一部二家

第七五首，失首，首象▦，數序，3313，讀法：三方三州一部三家

第七六首，劇首，首象▦，數序，3321，讀法：三方三州二部一家

第七七首，馴首，首象▦，數序，3322，讀法：三方三州二部二家

第七八首，將首，首象▦，數序，3323，讀法：三方三州二部三家

第七九首，難首，首象▦，數序，3331，讀法：三方三州三部一家

第八十首，勤首，首象▦，數序，3332，讀法：三方三州三部二家

第八一首，養首，首象▦，數序，3333，讀法：三方三州三部三家

十一、《太玄》的書名，在歷史上的流傳過程中也出現了與楊雄撰定此書時的情況不符的問題，即最初楊雄只定其書名為《太玄》，而後世流傳過程中則變成了《太玄經》，故今天所能見到的不少《太玄》版本，都題為《太玄經》，但這不符合楊雄最初寫定此書時所立的書名之意，故不可取，北宋司馬光為《太玄》作《集注》時曾專門說明這一點：

諸家皆謂之《太玄經》，陳曰：「史以雄非聖人而作經，猶吳楚之君僭號稱王，蓋誅絕之罪也」〔註9〕。按：子雲《法言》《解嘲》等書止云《太玄》，然則「經」非子雲自稱，當時弟子侯芭之徒從而尊之耳，今從之。

司馬說符合歷史事實，故本書亦從其所定，不用「太玄經」之名。

〔註9〕陳，即陳漸，史，即《漢書·楊雄傳》。

十二、《太玄》的框架與內容的理解

八十一首每首方、州、部、家四重,是《太玄》八十一首的順序數,而不象《周易》的乾、坤之類為一卦之象。每首有首辭,模仿《周易》每卦的彖辭(卦辭),如:

中首首辭:「陽氣潛萌于黃宮,信無不在乎中」,

周首首辭:「陽氣周神而反乎始,物繼其彙」,

應首首辭:「陽氣極于上,陰信萌乎下,上下相應」,

迎首首辭:「陰氣成形乎下,物咸遡而迎之」,

勤首首辭:「太陰凍冱戁創于外,微陽邸冥醞力于內」,

養首首辭:「陰弸于野,陽蓲萬物,赤之于下」之類。

首辭是一首大意之要言,故其辭多與首名相應。

每首又有九句贊辭,自下而上,稱初一、次二、次三、次四、次五、次六、次七、次八、上九,模仿《周易》一卦之六爻之爻辭。如:

中首初一「昆侖旁薄幽」,

次二「神戰於玄,其陳陰陽」,

次三「龍出於中,首尾信可以為庸」,

次四「庳虛無因,大受性命否」,

次五「日正於天,利用其辰作主」,

次六「月闕其搏,不如開明於西」,

次七「酋酋,火魁頤,水包貞」,

次八「黃不黃,覆秋常」,

上九「顛靈氣形反」。

各條贊辭又有相應的測辭,模仿《周易》一卦每爻的象辭,如中首測辭自初一至上九依次是:

「昆侖旁薄思之貞也」、

「神戰於玄善惡並也」、

「龍出於中見其造也」、

「庳虛之否不能大受也」、

「日正於天貴當位也」、

「月闕其搏賤始通也」、

「酋酋之包任臣則也」、

「黃不黃失中德也」、

「顛靈之反時不克也」。

　　每首九贊，八十一首共七百二十九贊，這些贊辭就是《太玄》的正文，即晉代范望所謂「本經三卷」。首辭、測辭原各自單獨為一篇，不與七百二十九贊贊辭混雜，與《玄衝》、《玄錯》、《玄攡》、《玄瑩》、《玄數》、《玄文》、《玄掜》、《玄圖》、《玄告》等共為十一篇，在本經之後，是對本經正文的補充性說明。這是模仿《周易》六十四卦之外的「十翼」而作的文字。至晉代范望為《太玄》作注，始「並《首》一卷本經之上，散《測》一卷注文之中」，而將《玄首》的序、《玄測》的序列於八十一首正文之前，《玄衝》至《玄告》等九篇則照舊單獨成篇。這樣把首辭、測辭逐條合於各首各贊，互相參照發明，使讀者易於理解贊辭正文的語意，十分方便，故後人一直沿用至今，今撰集義，首辭測辭仍用范望之例，而《玄首》與《玄測》二篇的「序」，與其他九篇之文合為一卷。

　　十三、十一篇解剝文字在《太玄》理解上的意義

　　《玄衝》等九篇文字雖於七百二十九贊正文無直接解釋說明，但其中多有談及各首大意及贊辭寓意象徵設置之通例者，故對於理解贊辭正文也有很大作用。由於一首九贊之辭，其字面上多無直接關係，很難把握其含義，這就特別需要參考這一類通例性的東西，始得貫通一首九贊之義，完整理解全首之意，並進一步找出把握八十一首之間的相互關係，以致更好地理解整個《太玄》體系的含義。所以，校讀《太玄》必須首先自《玄首》《玄測》《玄衝》等十一篇文字始，如讀《周易》必先自「十翼」始一樣。以下簡略介紹一下《玄首》《玄衝》等十一篇文字的大意及其對理解《太玄》正文的關係，並歸納幾條通例，以為閱讀《太玄》之助。

　　《玄首》一篇，其正文已散入八十一首，如中首首辭「陽氣潛萌於黃宮，信無不在乎中」，周首首辭「陽氣周神而反乎始，物繼其彙」等等，都是一首大意的概括，可與一首九贊之辭相互參證。但是，八十一首首辭本為一篇，所以其文意本是相通的，它又是基於《太玄》八十一首而為一個完整的體系，首尾相接、循環不已的運動過程的觀點而設辭命句的，故其自中首至法首共四十首皆言陽氣，謂陽氣由潛萌而反始而初生而漸至盛強又漸至衰弱，自應首至養首共四十一首則皆言陰氣，亦謂陰氣由生而盛而衰。這表明楊雄是把八十一首作為表述陰陽二氣一個完整運動過程的工具，而八十一首每首在這個過程中

的地位各不相同,故其首辭、贊辭之意亦隨之不同。明白了這個意思,就可以一方面單從一首的角度來把握此首首辭的含義,另一方面則從八十一首全過程的角度來理解此首首辭贊辭的含義了。《玄首》一篇原有一「序」,不能散入贊辭正文,故單獨列出,自范望置之於八十一首之前,其實仍屬卷四的十一篇。《玄首序》之大意,亦謂玄象自然天事運動無窮,乃統括八十一首首辭而言。

《玄測》一篇模仿《周易》象辭,附於爻辭之下,闡釋爻辭。其文亦已散入各首的贊辭之下,此篇也有一「序」,不能散入各首,故與《玄首序》一樣,單獨列出。據此「序」,則測辭的作用是測知八十一首七百二十九贊之臧否禍福者也(《太玄》模擬天象歲事,故以晝夜、陰陽表其禍福休咎)。如中首九贊之測辭(見前),言貞、言善、言惡、言見其造、言不能大受、言貴當位、言賤始退、言任臣則、言失中德、言時不克等,由此即可測知贊辭臧否禍福。這樣,測辭就可與首辭、贊辭互為參證,以求解其意了。

《玄衝》《玄錯》二篇,大意近似,皆以八十一首之中意義相對之首對稱,以明各首大意。衝者對也,即一一對稱之意,即《玄掜》所謂「衝,對其正也」,自中首至法首,此四十首皆言陽氣之首,自應首至養首,此四十一首皆言陰氣之首,《玄衝》一篇以中首對應首、周首對迎首、礥首對遇首,以下直至法首對勤首,各首之意皆各相反。如曰「中則陽始,應則陰生,周復於德,迎逆於刑」,皆一一對應而意相反。除了相反為意外,亦釋以各首之意,如謂中首為陽始,應首為陰生,周首是復始,迎首是逆,又如事首尚作,晦首尚休,眾首溫柔,堅首寒剛,傒首為出,翕首為入,從首為散,聚首為集,此類都可以看作不同的首之意是相反的。

《玄錯》篇也是將八十一首一一對應,但沒有一定的次序,這與《玄衝》篇不同,故稱之為「錯」,錯謂雜,即各首雜亂對照,不按一定次序。《玄掜》說:「錯,絣也」,范望注:「絣雜而說之者也」,就是這個意思。而所對照者其意亦各各相反,如中首為始,周首為旋,旋也就是復,指迴旋還轉,羨首為曲,毅首為端,端就是直,與曲相對,晬首與文首相對,一個表示淳,一個表示斑,淳謂純粹,斑謂斑駁不純。彊首為健,傒首為弱,積首為多,少首為約,約即不多。都是各首之意相反為意。與《玄衝》同樣,二首相對,而意相反。

僅就一首而言,則是正面解釋,如中首謂始,周首謂旋,羨首謂曲,毅首謂端之類。而中首對周首、羨首對毅首、晬首對文首之類,則毫無次序,僅以其意相反而為之對,故曰錯雜而對。可知《玄衝》《玄錯》二篇對於理解各首

大意及其九贊辭意、各首命名之義，都可引為參考。《玄衝》各首相對照者，按照八十一首之順序排列，這類似於《周易》的《序卦》，《玄錯》則錯雜相對，這是模仿《周易》的《雜卦》。《太玄》稱「錯」，《周易》稱「雜」，錯雜二字義亦通，知是楊雄有意模仿。

《玄攡》《玄瑩》《玄掜》《玄圖》《玄告》五篇，整體相當於《周易》的《繫辭》，詳細而全面地敍述了關於「太玄」這一概念的道理，大致是謂玄本身並不可見，但是萬事萬物之產生、發展、死滅等運動則全受玄的支配，玄是萬事萬物一切運動的根極原因，玄通過這些運動表現了自己，哲人則通過這些運動把握了玄的道理，認識了玄。玄有這樣的意義，所以極稱之為「太玄」。太為最高最大，是終極性的。按照現代的哲學術語，玄可說成是世界的本源，也可說是事物運動的規律。

這幾篇中，都有言及八十一首之休咎吉凶者，如《玄攡》：「晝以好之，夜以醜之，一晝一夜，陰陽分索。夜道極陰，晝道極陽，牝牡群貞，以攡吉凶。」謂八十一首七百二十九贊各有晝夜陰陽之分，以此可以測知其吉凶貞否（否即否貞，贊辭中多見）。

《玄瑩》：「奇以數陽，隅以數陰，奇偶推演，以計天下」，是謂八十一首七百二十九贊以其數之奇偶分陰陽。

又曰：「夫一一所以摹始而測深也，三三所以盡終而極崇也，二二所以參事而要中也」，是謂一二三之義，據此可知一二三的區分為何意。

如《玄掜》：「玄之贊辭也，或以氣，或以類，或以事之觔卒，謹問其性而審其家，觀其所遭遇，勵之於事，詳之於數，逢神而天之，觸地而田之，則玄之情得矣。」是謂如何審知贊辭之意。

又如《玄圖》：「一玄都覆三方，方同九州，枝載庶部，分正群家，事事其中」，「始哉中羨從，中哉更晬廓，終哉減沈成」，是謂一玄統三方，三方即自中首至事首為一方，自更首至昆首為二方，自減首至養首為三方，一方統三州，即一方統中首至狩首共九首為一州，羨首至傒首共九首為二州，從首至事首共九首為三州，二方統更至彊、晬至大、廓至昆各九首為一二三州，三方所統三州則為減至視、沈至堅、成至養各九首為三州。此三方為始、中、終，故曰「始哉中羨從，中哉更晬廓，終哉沈減成」。

玄分三方各有其意，《玄圖》曰：「始哉中羨從，百卉權輿」，「中哉更晬廓，與物時行」，「終哉減沈成，成氣收精」，謂始哉者，萬事萬物之始生，謂

中哉者，事物生長之茂盛，謂終哉者，事物成熟。此概論八十一首分為三方之大意。

又如《玄告》：「天三據而乃成，故謂之始中終，地三據而乃形，故謂之下中上，人三據而乃著，故謂之思福禍」，是謂一、二、三之意，始、中、終，下、中、上，思、福、禍，天、地、人，皆分成一、二、三。一、二、三，是表示三贊為一表，一、二、三三表（九贊）為一首，一、二、三三首為一部，部至州，州至方，方至玄，都分成一、二、三，皆可以此意求之。由此亦可看出楊雄構思的《太玄》的基礎是三分法，與《周易》的陰陽二分之思維是不一樣的。人們對二分思維強調得較多，而對楊雄《太玄》的三分思維則重視不夠，由此亦可證明《太玄》在思想史上的重要性。

《玄數》一篇，模仿《周易》的《說卦》。《說卦》言八卦的成立及其所象之物，《玄數》亦言《太玄》之成兼及筮法，又言一首九贊配以五行及其所象之物，又言求《太玄》七百二十九贊所屬晝夜之法。重點在以一首九贊分配五行及所象之物，十分詳盡。

如「三八為木，四九為金，二七為火，一六為水，五五為土」，是謂一至九贊所配五行，依順序為一水、二火、三木、四金、五土、六水、七火、八木、九金，是以水、火、土、金、土的順序配列於九贊。

又如「三八為東方，為春，日甲乙，辰寅卯……」，「四九為西方，為秋，日庚辛，辰申酉……」，「二七為南方，為夏，日丙丁，辰巳午……」，「一六為北方，為冬，日壬癸，辰子亥……」，「五五為中央，為四維，日戊己，辰辰戌丑未」，是以九贊配以五方、四季，十日、十二辰，此外又配以五聲、五色、五味、五臭、五形、五生、五時、五藏、五侟、五性、五情、五事、五用、五拗、五徵、五帝、五神、五類，又配以二十八宿及其他事物。由於有這些事物的具體形象，故《玄數》一篇對於理解七百二十九贊贊辭之意，判定其休咎禍福，至為重要。

《玄文》一篇模仿《周易》的《文言傳》。《文言傳》僅言乾坤二卦，《玄文》則著重說明中首一首。是以中首為例，說明讀解八十一首的通例。

如其中解釋中首初一「昆侖旁薄幽」，則分三次解說。

一曰：「或曰昆侖旁薄幽何為也，曰賢人天地思而包群類也，昆諸中未形乎外，獨居而樂，獨思而憂，樂不可堪，憂不可勝，故曰幽」，

二曰：「昆侖旁薄，大容也」，

三曰：「昆侖旁薄，資懷無方」，

中首其餘八贊亦同樣解釋，詳細講明九贊之意，為讀解其他八十首九贊之文提供了一個例示，讓人知道如何去把握理會其中的含意。

此外《玄文》又提出了「罔、直、蒙、酋、冥」五個字，作為理解《太玄》體系內部種種變化的要領，尤為重要。舊注多以此五字比作《周易》的「元亨利貞」四德，雖不甚恰當，但可見其重要。此五字概括事物發生、發展、滅亡的過程。按《太玄》的看法，事物皆由無而生、而盛、而衰、而滅，滅則復歸於無。這樣由無至無，完成事物運動過程，並且循環不已。

據《玄文》，「罔」是未有形也，如四季的冬天，「直」如春天，事物生出，然而此時尚是「質而未有文也」，「蒙」為夏天，「物之脩長也，皆可得而載也」，「酋」如秋天，「物皆成象而就也」，「冥」則是「有形復於無形」。「罔」與「冥」皆是無形階段，實質為一，即是說始與終相迭合，物之運動為一圓周運動，這是古代最常見的循環論。《太玄》一首九贊以至八十一首，其設辭命句，皆是按照這個思想，描述為發生、發展、滅亡周而復始、無限循環的圓周運動的。所以，可以說「罔、直、蒙、酋、冥」五字是理解整個《太玄》體系、理解八十一首七百二十九贊的重要綱領或要訣。

以上簡述《太玄》八十一首七百二十九贊正文之外的《玄首》《玄測》《玄衝》《玄錯》《玄攡》《玄瑩》《玄數》《玄文》《玄圖》《玄掜》《玄告》等十一篇文字的大意，可知其中包含理解《太玄》體系的基本思想要點和方法，是讀解正文的鑰匙，所以必須先掌握此十一篇，才能正確理解八十一首七百二十九贊正文。

十四、據十一篇總結出的《太玄》解讀之通例

現將此十一篇內有關《太玄》八十一首正文讀解通例者歸納如下：

1.《太玄》八十一首，每首都有陰陽之分，又各自配以五行，如《玄瑩》：「奇以數陽，偶以數陰，奇偶推演，以計天下。」《玄數》：「五行用事者王，王所生相，故王廢，勝王囚，王所勝死」。《玄圖》：「一玄部覆三方，方同九州，枝載庶部，分正群家，陰陽沈交，四時潛處，五行伏行，六合既混，七宿軫轉。」《玄告》：「五行迭王，四時不俱壯。」八十一首首名之下，皆有陰家或陽家、水或火、木、金、土字樣，是注家據《太玄》八十一首陰陽五行之性而標記的。

2. 一首九贊，八十一首共七百二十九贊，每贊亦有陰陽晝夜之分和五行之配列。如《玄測序》：「夜則測陰，晝則測陽，晝夜之測，或否或臧。陽推五

福以類升，陰幽六極以類降。」《玄攡》：「晝以好之，夜以醜之，一晝一夜，陰陽分索。夜道極陰，晝道極陽，牝牡群貞，以攡吉凶。」《玄數》：「求表之贊，置玄姓太始策數，減一而九之，增贊，去玄數半之，則得贊去冬至日數矣。偶為所得日之夜，奇為所得日之晝。」《玄數》：「三八為木，四九為金，二七為火，一六為水，五五為土。」《玄瑩》：「太陽乘陰，萬物該兼，周流九虛，而禍福絓羅。」《玄瑩》：「夫福樂終而禍憂始，天地所貴曰福，鬼神所佑曰福，人道所喜曰福，其所賤所惡皆曰禍，故惡福甚者其禍尤，晝人之禍少，夜人之禍多，晝夜散者，其禍福雜。」都是說明各贊的辭意之休咎都與它們的陰陽、五行及數字的屬性有關，這是解讀《太玄》八十一首七百二十九贊的首辭與贊辭的文意的關鍵。

3. 一首九贊又有上、中、下、思、福、禍、始、中、終之分。如《玄瑩》：「夫一一所以摹始而測深也，三三所以盡終而極崇也，二二所以參事而要中也。」《玄數》：「逢有下中上，下，思也，中，福也，上，禍也。思福禍各有上中下，以晝夜別其休咎焉。」《玄文》：「諸一則始，諸三則終，二者得其中乎。」《玄圖》：「故思心乎一，反復乎二，成意乎三，條暢乎四，著明乎五，極大乎六，敗損乎七，剝落乎八，殄絕乎九。生神莫先乎一，中和莫盛乎五，倨劇莫困乎九。夫一也者，思之微者也，四也者，福之資者也，七也者，禍之階者也，三也者，思之崇者也，六也者，福之隆者也，九也者，禍之窮者也，二五八，三者之中也。九虛設闢，君子小人所為宮也。自一至三者，貧賤而心勞，四至六者，富貴而尊高，七至九者，離咎而實饒。息與消糾，貴與賤交。」《玄告》：「天三據而乃成，故謂之始中終，地三據而乃形，故謂之下中下，人三據而乃著，故謂之思福禍。」據這些說法，九贊分為上、中、下、思、福、禍、始、中、終，而這種區分就與贊辭的文意密切相關，根據這些劃分，才能正確理解贊辭的文意。同時這也是三分法的具體應用，由此讓人們理解到《太玄》三分思維的思想史意義。

4. 一首九贊又有君子、小人之分，在人的等級上，事情的次序上，也有不同。如《玄圖》：「九虛設闢，君子小人所為宮也。」《玄文》：「君子在玄則正，在福則沖，在禍則反。小人在玄則邪，在福則驕，在禍則窮。故君子得位則昌，失位則良。小人得位則橫，失位則喪。」《玄瑩》：「天地福順而禍逆，山川福庫而禍高，人道福正而禍邪。故君子內正而外馴，每以下人。是以動得福而亡禍也。」《玄數》：「九人：一為下人，二為平人，三為進人，四為下祿，

五為中祿，六為上祿，七為失志，八為疾瘀，九為極。九事：一為規模，二為方沮，三為自如，四為外他，五為中和，六為盛多，七為消，八為耗，九為盡弊。」這些說法，是把九贊的文意與人類事務關聯起來，根據其間的不同，可以看出君子與小人的不同，這在處理人類的社會事務，是有重要意義的。

5. 一首九贊相互之間又有對應關係，如《玄數》:「三八為木，四九為金，二七為火，一六為水，五五為土。」《玄圖》:「一與六共宗，二與七共朋，三與八成友，四與九同道，五與五相守。」根據以上五種因素的相互關係，再據贊辭、測辭、首辭文意，兼及《玄衝》《玄錯》所言一首大意，參考《玄數》所列各贊所配事物類別，予以綜合考慮，融會貫通，就大致可以領會理解八十一首七百二十九贊文字的含意了。所以說欲正確理解《太玄》文意，必須參考十一篇中的各種說法，並融會貫通。

楊雄的《太玄》，其思想體系是一個兼取各種思想因素的龐雜體系。如「馴乎玄，渾行無窮」(《玄測》序)，「還復其所，終始定矣」(《玄攡》)，「位各殊輩，回行九區，終始連屬，上下無隅」(《玄攡》)，「陽氣周神而反乎始」(周首首辭)，「星如歲如，復繼之初」(養首上九)，「虛嬴踦踦，禪無已也」(嬴贊測辭)等，是中國古代通行的循環論思想。「陰陽玭參，萬物資形」(《玄首》序)，「陽交於陰，陰交於陽，物登明堂，矞矞皇皇」(交首首辭)，「陽氣始窺，物僮然咸未有知」(童首首辭)，「陽氣蕃息，物則增益，日宣而殖」(增首首辭)，「陰不之化，陽不之施，萬物各唫」(唫首首辭)，「陰氣息，陽氣消，陰盛陽衰，萬物以微」(減首首辭)，「陽不陰，無與合其施」(《玄瑩》)等，是中國古代的陰陽思想。「日正於天，貴當位也」(中首次五測辭)，「黃不黃，失中德也，」(中首次八測辭)，則與《周易》的中正思想相通。「顛靈之反，時不克也」(中首上九測辭)，「日正於天，利用其辰作主」(中首次五測辭)，「蛇伏於泥，君不君也」(閑首初一測辭)，「閑其藏，固珍寶」(閑首次二贊辭)，「自我匍匐，好是冥德」(狩首初一贊辭)，「銳於時，無不利」(銳首次四贊辭)，「陽氣能剛能柔，能作能休，見難而縮」(耎首首辭)，「黃菌不誕，俟於慶雲」(耎首次五贊辭)，「縮失時，或承之菑」(耎次六贊辭)，「陽氣有徯，可以進而進」(徯首首辭)，「君子得時，小人惕憂」(格首首辭)等，則是《周易》的待時思想，這種待時而動的思想，在《漢書・楊雄傳》中也有充分的體現，如悲屈原之投江，而「以為君子得時則大行，不得時則龍蛇」。《太玄》又多有老子思想，如「耎其膝，守其節，雖勿肆，終無拂」(耎首)，是老子委曲求全的思想，「郭

其目，矯其角，不庫其體，樸」（夷首），是老子圓滑處世不露剛強的思想，「幹
柔幹弱，離木艾金，幹柔艾金，柔勝強也」（夷首），是老子柔弱勝剛強的思想，
「事無事，至無不事」（事首），是老子無為而治的思想。此外，如「冒於天網，
疏不失也」、「柔，嬰兒於號，三日不嗄」、「修其玄鑒」〔註10〕等，則直是套用
《老子》語。又如《玄圖》：「數多者見貴而實索，數少者見賤而實饒，息與消
糾，貴與賤交，禍至而福逃」，則是老子福禍相倚的思想。此外如「銳執一而
昆大同」（《玄錯》），「獨樂款款，及不遠」、「大樂無間，民神禽鳥之般」（樂首），
則是儒家大同思想。「火魁頤，水包貞，任臣則也」（中首），則是子產寬猛相
濟思想。「升於高危，或斧之梯，升危斧梯，失士民也」（上首），「崔嵬不崩，
賴彼峽崥」（增首），則是儒家主張的君主不可失民的政治思想。「銳於利，忝
惡至」（銳首），「震於利，顛撲死」（釋首），則是儒家重義輕利思想。又如「小
利大迷，大迷扁扁不救」，則與儒家的孟子謂盆成括小有才而未聞君子之道的
思想相同。「蟹之郭索，後蚓黃泉，心不一也，銳一無不達」（銳首），則是用
儒家的《荀子》所說「君子結於一」的思想。「干於浮雲，從墜於天」（干首），
「陵崝岸峭，陁，銳極必崩也」（銳首），「進極而退，往窮而還，已滿而損」，
「陽不極則陰不萌，陰不極則陽不牙。極寒生熱，極熱生寒，信道致詘，詘道
至信」（《玄攤》），「將來者進，成功者退，已用則賤，當時則貴」（《玄文》），
「極樂之幾，不移日而悲」（樂首），這又是《周易》的極則反思想。

　　像這樣的例子還有很多，都是楊雄吸收了前人的各種思想因素而加以融
會貫通之後整合進《太玄》的思想體系的。整體上看，《太玄》所化用者除上
述《老子》、《周易》為主外，還有如《荀子》、《論語》、《孟子》、《詩》、《書》、
《春秋》、劉向、賈誼、董仲舒、《孫子》、《中庸》、《大學》、《樂記》、《禮記》、
《管子》、有子等人或書等，是一個龐雜的體系。此外還有五行、曆數（曆法、
律呂、數學）等思想因素與素材。雖然《太玄》的思想體系兼收並蓄而顯得龐
雜，但其根本思想則是發展變化的周而復始永無止境的循環論思想，認為一切
事物都這樣循環發展變化往復的〔註11〕。這種循環運動過和是受玄支配的，也
可說玄就是以這種運動來表現自己的。《玄文》的「罔、直、蒙、酋、冥」五

〔註10〕通行本《老子》作「玄覽」，是「玄鑒」的誤字，高亨據出土的帛書《老子》
　　　　已作過考證，本人在《太玄校正》中也有專門的論證。一般哲學史著作都按
　　　　「玄覽」來說明老子的認識論，這是不對的。
〔註11〕《太玄》把古代的循環論思想細化為三分法的三段發展變化而不斷循環的體
　　　　系，是對古代的循環論思想的改進。

字，概括了這個過程，是把握玄的運動以及《太玄》八十一首體系的訣竅。以這種思想為指導的人生哲學，就是要順應時勢條件的發展變化以決定自己的出處隱顯，根本點還是明哲保身的人生哲學。這是由當時的政治環境及揚雄個人的身世經歷以及性格特點所決定的。「幹於浮雲，從墜於天」（幹首）、「自我匍匐，好是冥德」（符首）、「綦其首尾，臨於淵，恐遇害也」（符首），這些話都是揚雄的自我寫照〔註12〕，很明顯地表達了他的性格和人生哲學。明白了這一層意思，也可幫助理解《太玄》的形成和特點，可以體會到揚雄為什麼要採用《太玄》這種隱晦難懂的形式和文字來表達自己的思想和觀點，而不自甘於沉默。由此也可體會到他的性格與思想的矛盾。

十五、《太玄》歷代注釋版本情況

楊雄《太玄》書成，當時人皆忽之，以為無用，唯鉅鹿侯芭從而學之。其後至東漢已有人為《太玄》作注。今據歷代藝文志及其他著錄之書記載，楊雄之後直到清代，為《太玄》作注的共有六十八家，詳見下表〔註13〕。

朝代	人　名	書　名	卷　數	存佚	備　注
漢	侯芭	太玄經注		佚	
	鄒邠	玄思		佚	
	張衡	太玄經注		佚	
	張衡	太玄圖	一卷	佚	
	崔瑗	太玄經注		佚	
	宋衷	太玄經注	九卷	佚	《隋書・經籍志》九卷，《新唐書》著錄為十二卷，明徐氏《紅雨樓書目》六卷，今散見於晉范望《太玄解贊》中，清王仁俊輯有《太玄宋氏注》一卷，在《玉函山房輯佚書續編》中。
晉	陸凱	太玄論演 太玄經注	十三卷	佚	
	李譔	太玄指歸		佚	
	陸績	太玄經注	十卷	佚	《隋書・經籍志》十卷，《舊唐書》十二卷，今散見於晉范望《解贊》中。

〔註12〕此類思想在《漢書・楊雄傳》的《解難》《解嘲》等篇中都有專門的論述，可以參看。

〔註13〕《太玄大戴禮研究》，本人撰其中的《太玄》研究部分，武漢出版社1991年出版，其中有詳細的《太玄》版本考述，可參考。

	王肅	太玄經注	七卷	佚	書名稱《太玄解》。
	虞翻	太玄經注	十四卷	佚	《舊唐書》十四卷，《隋書·經籍志》十三卷。
	范望	太玄解贊	十卷	存	或曰十二卷，見《舊唐書》，《四庫全書》十卷，《書目答問》十六卷，《述古堂書目》九卷，今有明萬玉堂本。
	蔡文邵	太玄經注	十卷	佚	宋《崇文總目》尚有著錄，其後未見著錄。
唐	王涯	太玄經注	六卷	佚	
	王涯	說玄	一卷	存	附於萬玉堂本范望《解贊》後。
	員俶	太玄幽贊	十卷	佚	
五代	張易	太玄注	佚		
宋	司馬光	太玄經集注	六卷	存	或曰十卷，乃誤合許翰《玄解》四卷而言，今有《道藏》本、明代影宋抄本、嘉慶間五柳居本、近代《四部備要》本等。
	許翰	玄解	四卷	存	附於司馬光《集注》後。
		玄歷	一卷	存	同上。
	張行成	翼玄	十二卷	存	今有《四庫全書》本、《函海》叢書本。
	林瑀	太玄經注 太玄經釋文	十卷 一卷	佚 存	《釋文》附於范望《解贊》本後，是否林作，尚有疑問，暫依前人說。
	章察	太玄圖 太玄講疏 太玄發隱	一卷 四十六卷 三卷	佚	或曰《太玄經注》十四卷，《太玄經疏》三十卷，或作章詧、章譽。
	杜元穎	太玄經傳	三卷	佚	
	宋惟幹	太玄解	十卷	佚	今散見於司馬光《集注》中。
	郭元亨	太玄經疏	十八卷	佚	
	張揆	太玄淵旨 太玄經集解	一卷 無卷數	佚 佚	
	陳漸	演玄	十卷	佚	或曰一卷，今散見於司馬光《集注》中。
	晁迥	易元星紀譜	一卷	佚	或稱《易元星紀圖》。
	徐庸	太玄解	十卷	佚	
	馮元	太玄音訓	一卷	佚	

	李沂	太玄集解義訣	十卷	佚	
	范諤昌	補正太玄經	十卷	佚	
	宋咸	太玄音	一卷	佚	
	孔旼	太玄圖	一卷	佚	
	張齊	太玄正義統論 釋文玄說	一卷 二卷	佚 佚	
	許洞	演玄	十卷	佚	
	王鴻	太玄經注		佚	
	師望	玄鑒	十卷	佚	
	吳秘	太玄經注 太玄音義		佚 佚	今散見於司馬光《集注》中。
	蘇洵	太玄論	一卷	存	在蘇洵《文集》內。
	邵雍	太玄準易圖		佚	
	程賁	太玄經手音	一卷	佚	或稱《太玄經義訓》。
	孫胄	太玄正義 太玄叩鍵 太玄發微	一卷 一卷 三卷	佚 佚 佚	
	曾元忠	太玄經解		佚	
	林希逸	太玄精語	三卷	佚	
	吳霞舉	太玄圖說	十卷	佚	
	徐君平	楊子義	一卷	佚	
	劉絳	楊子大義	一卷	佚	
	全瑩	太玄略例	一卷	佚	
元	胡次和	太玄集注 太玄索隱	十二卷 四卷	存 佚	在《永ち大典》殘本中。
	吳澂	校正太玄經		佚	
金	趙秉文	太玄箋贊	六卷	佚	或稱《箋太玄贊》一卷。
明	葉子奇	太玄本旨	九卷	存	或稱五卷，今在《四庫全書》內，亦有單行本。
	葉良鎘	太玄經集解		佚	
	劉玉瑄	玄幹	二卷	佚	
	屠本畯	太玄闡	一卷	佚	

		許世卿	太玄玄言		佚	
		陳梁	太玄經測	一卷	佚	
清		焦袁熹	太玄解	一卷	存	今在《藝海珠塵》叢書土集內。
		劉斯組	太玄別訓	五卷	存	在《四庫全書》內。
		孫滋	太玄經補注	四卷	未見	疑即孫澍《增補太玄集注》。
		孫澍	增補太玄經集注	四卷	存	有孫氏自刊本。
		陳本禮	太玄闡秘	十卷	存	有《聚學軒》叢書本,在第四集內。
		許桂林	太玄後知	六卷	未見	存佚不詳。
		鄭維駒	太玄經易補注	六卷	存	有單行本。
		盧文弨	楊雄太玄經校正	一卷	存	在《紹興先正遺書》第二集內。
		俞樾	太玄平議	一卷	存	在俞氏《諸子平議》內。
		孫詒讓	太玄札迻	一卷	存	在孫氏《札迻》內。

十六、《太玄》原文的校勘情況

除上表所列外,還有宋代林共《太玄圖》一卷,無名氏《玄測》一卷,《太玄事類》一卷,皆佚,見朱彝尊《經義考》。范寧注《太玄解》十卷,不知年代,見明陳第《世善堂藏書目》。以上是注疏類。其中以宋人為多,今存者僅十餘家而已。其中以范望的注為現存中的最古者,對《太玄》字義多有訓釋,且保存不少古義,為他書所未見。司馬光《集注》,採宋衷、陸績、范望、王涯、宋惟幹、吳秘、陳漸七家注,闡以己意,復據七家本對校,記有各本異文,保存了宋以前古本的異同。許翰《玄解》附於司馬光《集注》後,其注文中也保存了宋人的校語,計有宋衷本、陸績本、范望本、丁謂本、丁謂別本、許昂本、王涯本、黃伯思本、林瑀本、陳漸本、吳秘本、郭元亨本、章察本、宋代監本、張顯本、田告本等共十六種版本,有一些版本是歷代著錄中沒有記載的。可知這三家注本價值最高。其餘幾種皆不能比擬,如張行成《翼玄》,純屬律曆之數,已非《太玄》原意,離題太遠。蘇洵《太玄論》,則是借題發揮的論說文,葉子奇及清人的幾種注釋,皆未著力於校釋文字,且刊刻甚晚,於校勘考證之事為用不大。如《四庫全書總目提要》於《太玄本旨》云:「子奇獨謂《太玄》附會律曆節候而強其合,不無臆見」,於《翼玄》云:「《太玄》已贅,《翼》更蛇足矣」,於《太玄別訓》云:「是編解釋楊雄《太玄》,各以韻語發

揮其義，意欲以奧崛配雄，然原書詞意艱深，所以待注，注又僻澀，使人不解，是亦何取於注乎？」故本人對《太玄》本文進行校勘訂正時，主要依據范望注與司馬光《集注》，用明萬玉堂翻刻南宋范注本（《四部叢刊》影印本）與《道藏》本及嘉慶三年五柳居本（此二種屬司馬光《集注》本，前六卷是司馬光《集注》，後四卷為許翰《玄解》，共十卷）對校。此外參考清盧文弨《楊雄太玄經校正》一卷、吳汝綸《吳氏點勘太玄讀本》眉批、俞樾《太玄平議》、孫詒讓《劄迻》有關《太玄》的劄記十二條，由此作出校勘考證三百餘條，算是對歷代關於《太玄》文本的校勘一次總結，因與理解《太玄》原文文意有關，故將這些校勘考證附於相關的《太玄》原文之下，可與前人的舊注參看。

　　在這些校勘考證條文中，范望《解贊》簡稱「范注」，萬玉堂本簡稱「范注本」，司馬光《太玄集注》簡稱「集注」，《道藏》本簡稱「道本」，嘉慶五柳居本簡稱「嘉本」，盧文弨《校正》簡稱「盧校」，吳汝綸眉批簡稱「吳批」，俞樾、孫詒讓皆簡稱「俞氏」「孫氏」，不表書名。司馬光《集注》所引各本，皆從《集注》所稱，如宋衷為「宋」，宋惟幹為「小宋」之類。倪校所引何焯校語，則簡稱「何云」。又，清陳揆《稽瑞樓書目》內有《太玄經》十卷，校本四冊，不知何人所校，未得見。

太玄集義卷一

〔西漢〕楊雄　撰

劉韶軍　集義

中

≡　中：陽氣潛萌於黃宮，信無不在乎中〔註1〕。

范望曰：一方一州一部一家。此首名也，天玄，陽家，一水，下下，象中孚卦。行屬於水，謂之中者，冬至之節，日起牛宿一度，斗建子位，律中黃鍾，夏之十一月也。萬物萌芽於黃宮之中，故名此首為中也。土為宮性，其色黃，故言潛萌於黃宮也。水色玄，玄為天，天在地外，天玄地黃，是以為經之首。

章詧曰：行水，建子之月，陽氣潛復，復之初九即天一生水，故始於水行，其候律中黃鍾，故曰潛萌於黃宮。言陽行於地中，故反復其道，所以信無不在乎中。冬至之節起此首之一，初一日入牛宿一度。

司馬光曰：一方一州一部一家。陽家，水，準《易》中孚。中之初一，日舍牽牛初度，冬至氣應，陽氣始生。兼準坎，所以然者，《易》以八卦重為六十四卦，因爻象而定名，分坎、離、震、兌直二十四氣，其餘六十卦，每卦直六日七分。《玄》以一二三錯布於方州部家，而成八十一首，每首直四日有半，起於冬至，終於大雪，準《易》卦氣直日之敍而命其名。或以兩首準一卦者，猶閏月之正四時也。坎、離、震、兌在卦氣之外，故因中、應、釋、節附分至之位而準之。楊子本以《顓頊》及《太初曆》作《太玄》，故日躔宿度氣應斗建不皆與今治曆者相應。中者，心也，〔物之始也〔註2〕〕。中孚者，誠發於中而信著於外也。《洪範》五事：「思曰睿，睿作聖」。首者，明天地以陰陽之氣，

〔註1〕葉子奇本、陳本禮本作「信無不在其中」，與范望和司馬光本不同。

〔註2〕《永樂大典》有此四字，與諸本異。

發斂萬物，而示人法則者也。黃，中之色也。中直冬至之初，陽氣潛生於地中，如人居宮室也。信無不在乎中者，揚子嘆三儀萬物變化云為，原其造端，無不在乎中心也。信，辭也。

宋人校語〔註3〕：楊氏始作之本，已畫方州部家四位，定五行之數，分七百二十九贊，為天地人三玄。惟宋、陸注本〔註4〕不畫首象，其餘侯芭、虞翻注本，並畫首象。近世林氏撰《玄後序》云：瑞今以舊經方州部家隨首畫象，以四位之數列首之下，五行之姓，參次其中，三材之儀，各從方立，升測之辭，散於贊末。若此數事，皆范叔明注時所定，今林氏以為己意，未知孰是。張寔曰：此玄首辭也。象《易》彖曰「大哉乾元」已下之辭也。《太玄》列渾天為八十一家，各有姓名，序運周普，班固曰：楊子作《太玄》，「為其太曼漶而不可知，故作《首》、《衝》、《錯》、《測》、《攡》、《瑩》、《數》、《文》、《梲》、《圖》、《告》，凡十一篇，以解剝《玄》體」，此乃一篇，並《序》自為一卷，宋衷《解詁》、陸績《釋失》共為一注，至范望《解贊》時，採宋、陸二家之義，錄長捐短，就加新意，以成此注，散於八十一首之下。

林希逸曰：在曆為冬至。黃宮，土中也。信者萬物之生意，猶今曰花信、曰春消息也。陽復物將生，消息皆在地中矣。

胡次和曰：易緯卦氣起中孚，《玄》準《易》，故家性起中以象之，一部一家為下下，一部二家為下中，一部三家為下上，二部一家為中下，二部二家為中中，二部三家為中上，三部一家為上下，三部二家為上中，三部三家為上上。

胡一桂曰：中擬中孚，天玄，陽家，一，水，下下，日在牽牛初。

陳仁子曰〔註5〕：大《易》六十四卦以乾坤為冠，兼氣言也。《太玄》八十一首以中為冠，指理言也。氣包乎理，理御乎氣，一而已矣。故中有二義，有以大本者言，有以時中者言。陽之健，陰之順，五行之相生相制，此大本之中也。陽之亢，陰之極，五行之相克相戰，此失其時中之中也。夫黃鍾為律呂之中，而《太玄》起黃鍾之氣候亦曰中。觀《玄》之贊，初一之思貞，次三之首

〔註3〕見明萬玉堂范望解贊本，該本於此段文字之前並未標明為何人之言，僅以一○與范望《太玄解贊》注文隔開，以示此非范望原文。范望《解贊》南宋時有刻本，為明以後各本之祖，此類文字中出現宋人名字，如引「近世林氏」語中自稱「瑞」，即南宋林瑞，又引張寔，亦南宋人，故知此類文字必是宋人刻印其書時所加校語，故以「宋人校語」名之。

〔註4〕指宋衷和陸績。宋衷為東漢章陵人，曾任五業主事，陸績為三國吳吳郡人，曾任鬱林太守。

〔註5〕陳仁子，南宋末元初人，宋度宗咸淳十年漕試第一，宋亡不仕。

尾信，次五之貴當位，次七之包貞，皆中也。若次二之廢常，上九之巔靈，去中而凶宜也。以此參《易》乾之亢龍有悔，坤之嫌於無陽，皆失中，然爾《玄》與《易》一也。

葉子奇曰：中，此首名也。天玄，陽家，一，水，下下，象中孚卦。玄以中首為冬至，一陽初生之候，日起牛宿一度，斗指子，律中黃鍾，故曰陽氣潛萌于黃宮。陽氣中實，故曰信無不在其中。自中首至法首，凡四十家，皆屬陽，故篇首皆以陽氣言，此其大分也。至其各首，又各自相間而為陰陽也。大分比二至，相間比甲乙。序及首辭，舊自為一篇，至范望揭二序于卷端，散首辭于八十一首之下，今從之。

陳本禮曰：天玄起，陽家，一水，下下，日舍牽牛，斗建子，律中黃鍾，冬至節應，卦準中孚。已下四十一首屬陽，故辭皆以陽為首。每首各按時令備具書法字法，可名為月令春秋。傳：此首辭也，贊之綱領也，冬至陽氣潛萌地中，黃宮黃鍾之宮，歷元也。信者，一歲二十四氣七十二候，盈虛消息也。世祖生於哀帝建平元年，正公草《玄》之時，故借天元大運隱喻世祖龍潛藩邸，其間雲龍會合之奇，悉寓於八十一家七百二十九贊之內，故曰信無不在其中也。

孫澍曰：中者，今古帝王相傳之微猷，故經言堯執中，舜用中，新莽簒漢，利弱侮亡，異於揖讓，不可謂中。《玄》以此托始，明天地陰陽之氣，志諷也。陽用中，《太玄》以至誠測《易》。

鄭維駒〔註6〕曰：《易緯稽覽圖》曰：甲子卦氣起中孚六日八十分日之七，《玄》依卦氣而作，故以中象中孚始。坤六五稱黃，黃宮，土中也。中孚以象言則陽裹於陰之外，以氣言則陽孚於陰之中，故云信無不在乎中。

鈴木由次郎曰：第一首，一方一州一部家，陽，一水。黃宮，黃鍾之家。黃鍾，十二律之始，管長九寸。始于子，應冬至之氣。陽氣隱藏于黃鍾之中而萌生。一年的氣節消長循環的真實性，可從中確實地讀出。此以下至應首的四十一首，皆屬陽氣。

高亨、董治安曰：中是卦名。中，正也。不偏不斜、無過無不及謂之中。儒家倡行中道，認為中道是正道。《易傳》的作者也是如此。揚雄篤信儒家學說，所以《太玄》第一卦名中。這是首篇文字。（以後各卦均同，不重述。）《說文》：「潛，藏也。」《廣雅・釋詁》四：「潛，隱也。萌，初生也。」黃宮，

〔註6〕鄭維駒注，據其《太玄經易補注》光緒十一年刊本，此書未見於各家著錄，藏湖北省圖書館。

地內也。（黃為土色，宮是內室，揚雄因稱地內為黃中。）信借為伸。《廣雅·釋詁》三：「伸展也」。中，正也。《中》卦代表一歲冬至後的四日半。這個氣節，陽氣隱藏著初生於地內（實際是地球繞太陽運行，從冬至日起漸漸距離太陽近。）從此以後，陽氣一天天伸展，伸展有必然規律，沒有不在於正的，所以卦名叫做中。

劉按：☰，《漢書·楊雄傳》：「觀《易》者，見其卦而名之，觀《玄》者，數其畫而定之。《玄》首四重者，非卦也，數也。」《太玄》表示各首的畫象，即宋人校語所說的「首象」模仿《周易》的卦畫而成，表示各首所處的方州部家之數。四層，從下而下，分別代表方、州、部、家之數。用一 — --- 三種符號表示之，重疊而成。

中為首名，不為卦名。《太玄》擬《易》，《易》有六十四卦，《玄》有八十一家，卦是《易》之專名，家是《玄》之專名，二者不可混，高、董稱中是卦名，不確。

《太玄》分方州部家四重，統於一玄之下。從一玄而下，以三分法成其數，即一玄分為三方，稱為天玄、地玄、人玄，一方又各分為三州，故三方共有九州，州各有三部，故九州共二十七部，部各有三家，故二十七部共有八十一家。四重之中，唯家有具體文字內容，方州部與家相配，使家各有其數而已，並無具體文字內容，故方州部皆無具體之名，唯家各有其名。中即八十一家第一家之名。

八十一家又分陰陽，五行，上中下，又各有所象易卦，及與當時曆法天象之對應。家之陰陽，對於理解其贊辭之義非常重要。因為太玄全部七百二十九贊亦各分陰陽，而贊之陰陽與家之陰陽是否相合，即是判斷其贊辭吉凶的依據。陰家陰贊、陽家陽贊為吉，陰家陽贊、陽家陰贊為凶。舊時注者於各家陰陽之性，多有不同，不可盡據。其實《太玄》八十一家之陰陽，實按其奇偶順序而定，凡奇數之家均為陽家，凡偶數之家均為陰家，無例外也。而各家五行屬性，則以方州部家的部而定之。即一部之內有九家，則順序為水、火、木、金、土、水、火、木、金，至下一部則又重新按此順序排定之，與家之陰陽屬性的依據不同。各家的上中下之位，亦按部而排定，即一部之內的九家，順序為下下、下中、下上、中下、中中、中上、上下、上中、上下，至下一部又重新按此排列。八十一家又按各部而分一、二、三、四、五、六、七、八、九，

與五行相配，即舊注所謂一水、二火、三木、四金、五土、六水、七火、八木、九金。此等名目，於理解各家整體意旨，無甚意義，唯於理解各家之內的贊辭之義，則家之陰陽為最重要之依據，而五行、下中上及一至九等，則無甚意義。唯范望注多據家之五行與贊之五行立說，後人多不用此說。家內之贊，亦分陰陽、五行、下中上及一至九等，此於理解贊辭之義則多有意義，其例詳見中初一贊下。

八十一家所象易卦，於理解各家之大旨亦有幫助，而舊注家於各家所象易卦或有不同，此類均詳見各家首辭注說中。八十一家及諸贊又一一對應漢代曆法天象，此類前人言之甚詳，《太玄》首辭贊辭之中時有與此相關者，可據以參考，但非全部據此立說，此又須注意，不可牽強。

八十一家之家，又稱為首。《太玄・首》篇「序」所言「八十一首」、《挽》篇所言「挽擬之八十一首」者是也。唯稱家稱首義稍有不同，稱家者，其意重在四重三分法所構成的各家之數序，稱首者，其重在八十一家各各相對的獨立性。以中為例，稱為一方一州一部一家，不稱一方一州一部一首，此即家之義；而中與周、礥、閑、少、戾、上、干等相對而言時，則稱中首、周首、礥首、閑首、少首、戾首、上首、干首等，不稱中家、周家、礥家、閑家、少家、戾家、上家、干家等。太玄八十一首各有數句首辭不等，此時亦只能稱「首」辭，而不稱「家」辭。由此可知家與首之別。八十一首全部首辭在楊雄當時原為獨立的一篇，稱為《首》篇，即《楊雄傳》所說「《首》《衝》《錯》《測》《攡》《瑩》《數》《文》《挽》《圖》《告》十一篇」中之一篇，後來宋衷、陸績作注時始散於各首之中，以便讀解各首贊辭之義，范望以後均沿不改，如宋人校語所言。

八十一首首辭均以陰陽變遷立言，整體來看，所言即一年之中的陰陽盛衰的一個完整的變遷過程，從第一首的中首為陽始生（見《衝》篇所說「中則陽始」及《錯》篇所說「中始」），到第四十一首的應首「陽氣極于上，陰信萌乎下」，為陰始生，再到第八十一首的養首「陰弸于野，陽蓲萬物，赤之于下」，為陰極盛、陽極衰，這是一個完整的變遷過程，然後再從中首重複開始第二個陰陽盛衰的變遷過程。八十一首各首之名，亦正是用來說明這種陰陽變遷情況的，故首名與首辭可以看作一名與其解釋。

就中首之名言，首辭言：「陽氣潛萌于黃宮，信無不在乎中」，此即釋「中」之義。黃宮，即地中、土中、地下，古又有地宮之說，亦據此義來。陳本禮以為「黃宮黃鐘之宮，曆元也」，鈴木說同，皆非是。「信無不在乎中」的中，即

黃宮之中,即土中、地中、地下。此據自然現象立言,謂陽氣於冬至時始潛萌生於地下,而當時的地上則皆盛極之陰氣,此正是冬至時中國北方之物象。高亨、董治安以為中正之中、儒家中道之中,非是。

信,各家解釋不同,司馬謂「信,辭也」,以為信在此無實義。林希逸以為信為「萬物之生意,猶今曰花信、曰春消息也。陽復物將生,消息皆在地中矣」,葉子奇則訓信為實:「陽氣中實,故曰信無不在其中」,陳本禮亦訓信為消息:「信者,一歲二十四氣七十二候,盈虛消息也」,但與林氏又有不同,鄭維駒謂「中孚以象言則陽裏於陰之外,以氣言則陽孚於陰之中,故云信無不在乎中」,訓信為孚,鈴木以為「一年的氣節消長循環的真實性,可從中確實地讀出」,訓信為實,而讀作副詞,與葉氏的信訓實不同。高、董氏以為信借為伸,為伸展義,謂從此以後陽氣一天天伸展。據應首首辭:「陽氣極于上,陰信萌乎下」,則中首首辭之「信」當與之同,可知司馬光及鈴木之說不可從。葉子奇訓為實者亦非,因為此時陽氣始生,尚無實可言。高、董氏訓為伸展,亦不妥,因為陽氣剛剛開始萌生,尚非伸展之事。至眾首首辭「陽氣信高懷齊」的信始可訓伸展,中首之時的陽氣距信高懷齊之時尚遠,故不可訓伸展。陳說以信為消息是,但其引申為一歲二十四氣七十二候則非,唯林氏說近之。信,萌生之兆信,指陽氣萌生之始時的徵兆與消息,言此時陽氣雖然開始萌生,則其徵兆消息尚在地下地中,一般人在地上尚不能見到,唯暸解事物發展變化之原理者知其已開始萌生之徵兆與消息於地中地下也。應首首辭的陰信萌乎下亦當如此理解。唯如此理解,才能與「潛萌」相應。理解各首首辭之義,一定要把各首首辭所說的陰陽二氣的諸種變化狀態情況聯繫起來,才可準確把握各首之時的陰陽二氣的具體情況,不致產生理解上的偏差。

初一:昆侖旁薄,幽。

范望曰:昆,渾也;侖,淪也,天之象也。旁薄猶彭魄也,地之形也。幽,隱也,言天渾淪而包於地,地彭魄而在其中,天之晝夜,過周一度,日或隱或見,見照四方,隱故稱幽,言日在地下幽隱不見也。一者,水也,家性為水,天之出入,利涉大川,而四時辰極,各〔註7〕得其正也。

司馬光曰:昆,音魂。侖,盧昆切。范曰:(略)。王曰:幽者,人之思慮幽深玄遠也。光謂:贊者,明聖人順天之序,修身治國,而示人吉凶者也。昆

─────────────────

〔註7〕各,原作冬,據《永樂大典》本改,以下簡稱《大典》本。

侖者，天象之大也。旁薄者，地形之廣也。夫以天地之廣大而人心可以測知之，則心之為用也神矣。一者思之始也，君子之心可以鈎深致遠，仰窮天神，俯究地靈，天地且不能隱其情，況萬類乎。以其思而未形也，故謂之幽。《法言》曰：「或問神，曰：心。請問之。曰：潛天而天，潛地而地，天地，神明而不測者也，心之潛也猶將測之，況於人乎，況於鬼神〔註8〕乎。」

張寔曰〔註9〕：此九贊之辭，後人目為經辭也。楊氏本以七百二十九贊分天地人，自為三卷，其辭之下，宋、陸無注，晉范望沿宋、陸注測之義，專解此贊，自成一家，次於逐首辭下，而削去舊注。日星節候、上中下、度數，今且據范望本不添也。

胡一桂曰：旁薄，天之象，昆侖，地之形，思者，人之心，一者，思心之地。舒王曰：幽，昧而未判也。初為晝，為君子，思無邪故也。

葉子奇曰：昆侖，圓渾貌，天之形也。旁薄，廣博貌，地之形也。幽，微妙也，人之思也。玄擬天地人之道，蓋一在天為中天，氣之始也。地為泥沙，地之基也。人為思慮，思之微也。故于初贊首列三才之道，蓋言其際天蟠地而思慮幽微也。此則玄經造端托始之深意。大凡首屬陽家。一三五七九為晝。而贊辭多吉，二四六八為夜，贊辭多凶，後做此。

陳本禮曰：初一，水，晝。昆同渾，侖同淪。首辭總括其理，贊辭散著其事，測辭發揮旁通情也。昆侖，象天無不包，旁薄猶彭魄，象地無不載，幽者狀其理之幽深玄遠。一為太極初分之始，天一生水，金水內明，猶人心之明德，虛靈不昧，能測深及遠，天地且不能隱其情，況萬類乎。凡首屬陽家則贊逢一三五七九為晝，辭皆吉，二四六八為夜，辭多凶，陰家反是。

鄭維駒曰：《爾雅·釋天》邢疏：「渾天形如彈丸，地在其中，天包其外，猶如雞卵白之繞黃。」案：鳥乳卵為孚。中孚以陽裹陰，地黃在天玄中，有鳥卵象。范注「昆侖，天象，旁薄，地形」，得其旨矣。《玄攡》云「玄者幽攡萬類而不見形者也」，蓋惟幽者足以通玄，而贊於神明，故中初贊曰幽也。

鈴木由次郎曰：中首初一贊，為十二月二十二日，晝。冬至，牛一度，蚯蚓結。水。昆侖，同渾淪。不清不明的樣子。這是形容天之廣大。旁薄，形容

〔註8〕鬼神，《大典》本作事倫。
〔註9〕張寔，南宋時校定《太玄》之人，其校語見明萬玉堂本范望《解贊》中。南宋時《太玄》校定事，詳見筆者文章《司馬光集注非合成許翰玄解而為十卷本》，載中華書局出版《古籍整理研究》第七期。

地之廣大。天地廣大茫茫包容萬物，天地的道理正確運行，幽而深奧，思慮中不雜欲心乃為正。

高亨、董治安曰：初一是贊題，昆侖旁薄幽是贊辭。贊題和贊辭是模仿《周易》的爻題和爻辭。（下文各贊均同，各卦均同，不重述。）范注：昆，渾也。侖，淪也。天之象也。旁薄猶彭魄，謂地之形。高師說：昆侖是迭韻連綿詞，古書也作渾淪，猶穹隆也，天形渾圓的狀態；旁薄是雙聲連綿詞，古書也作彭魄，地體廣大的狀態。《太玄‧玄告》：「天穹隆而周乎下，地旁薄而向乎上」。可作參證。《爾雅‧釋言》：「幽，深也」。此條贊辭是說，天形渾圓，地體廣大，其理深奧難知。

劉按：若昆侖旁薄是天地，則幽深為何一下子又說到其理上去了？幽是形容昆侖旁薄的，全是說思之事的，所謂思之始也。昆侖旁薄皆是大義，是說所思甚大。幽是說所思尚在開始階段，不顯於外。

測曰：昆侖旁薄，思之貞也。

范望曰：言天運行，唯以正也。

司馬光曰：君子思慮之初，未始不存乎正，故曰思之貞也。《易》曰：「正其本，萬物理」。孔子曰：「詩三百，一言以蔽之，曰思無邪」。

張寔曰：此是宋、陸二家所注，即非范望注也。蓋范望採此注意自解經贊，儒有近習，罔知本末，妄將此注升於測曰之上，以雜范注，混亂義訓。今依范望正本移於測曰之下，免誤學者。已下七百二十九測注並同。

司馬光曰：范、小宋本之作諸，今從宋、陸、王本。

鄭氏曰：《集韻》：「侖，盧昆切，昆侖，天形也。旁薄，舊不音，蓋如字」。《封禪書》云：「旁魄四塞」，顏師古說：「旁魄，廣被也。魄，步各切，與薄音同」。是旁薄即旁魄也。

陳本禮曰：冬至陽生之始，生則動，此思之所由起也。貞，正也。思之之始不雜人欲，故正。大忠大佞大奸大惡皆由於思之一念所由生也。思諸貞，欲人謹之於微也。《鴻範五行傳》曰：「思不睿是謂不聖，厥咎霿，厥罰恆風，厥極凶短折」。

鄭維駒曰：初一思始，故首揭之以為例。賢人以天地之心為心，思者百慮，貞者一致，思諸貞者，百慮而一致也。履：「幽人貞吉」，歸妹：「利幽人之貞」，皆陽爻也，故玄以陽為貞，而陽之未形者為幽。

高亨、董治安曰：貞，正也。天地之理雖深奧難知，人也要加以思考。天無不覆，地無不載，包育萬象，大公無私，其道最正。人思考天地之道，應效法天地，以出於正。

劉按：贊之下中上之位，即《數》篇所言：「逢有下中上，下，思也，中，福也，上，禍也。思福禍各有下中上，以晝夜別其休咎焉」。又言：「九人：一為下人，二為平人，三為進人，四為下祿，五為中祿，六為上祿，七為失志，八為疾瘥，九為極。……一為規模，二為方沮，三為自如，四為外他，五為中和，六為盛多，七為消，八為耗，九為盡弊。」《圖》篇：「故思心乎一，」至五以下作息，五以上作消。均為理解贊辭的基本規則。其變遷過程則據當時曆法而定，而八十一首之七百二十九贊則全部分配於一年之中的每一天，所謂一贊為晝，一贊為夜。

《太玄》結構分為方、州、部、家四重（層），皆據三進制構成之，而家（首）為基本單位，其下又有九條贊辭，亦按三進制構成之，三贊為一表，三表為一家（首），因此太玄全部結構自上而下依次是一玄、三玄、九州、二十七部、八十一家（首）、二百四十三表、七百二十九贊。從贊到玄，共七重（層），而家（首）居其中，構成最基本的獨立單位。每條贊辭又各有一句測辭，《測》本是《楊雄傳》所說的「解剝《玄》体」的十一篇之一，自范望作注時就已分散到各條贊辭之下，以後沿而不改，便於理解贊辭之義，今仍之。因此贊辭測辭構成了《太玄》全書的實体部分，方州部表等則僅有其名而無實文，後之讀者欲理解《太玄》義理，所主要依據者就是這些贊辭測辭。

要正確理解贊辭測辭，需要參考所謂「解剝《玄》体」的十一篇之文，將此類解剝性說法歸納起來，約有如下數項：

1. 贊之晝夜。
2. 首與贊的陰陽。
3. 贊的下中下之位置。
4. 首與贊的五行。
5. 贊所象之事物。見太玄校注前言中。

《文》篇又特別把中首贊辭一一解說，作為理解各首贊辭的範例，此亦引用以知楊雄所擬贊辭的本來意旨。

次二：神戰于玄，其陳陰陽。

范望曰：二，火也。在中為心，心藏神，內為玄，陰陽爭為戰，兩敵稱陳，

十一月之時，於消息為復，陽當消，陰陽相克，故言戰也。

司馬光曰：陳，直刃切。神者心之用也。人以心腹為玄。陰主惡，陽主善。二在思慮之中而當夜，其心不能純正，見利則欲為惡，顧義則欲為善，狐疑猶豫，未知適從，故曰神戰于玄，其陳陰陽也。子夏出見紛華盛麗而悅，入聞夫子之道而樂，二者交戰于中，子夏戰勝故為大賢，不勝則為小人矣。

林希逸曰：玄者，心也，神者，心之用也，擇乎理欲之間，而此心未定，互有消長，猶兩陣之交戰也。

胡一桂曰：地二與天七，合于南方，生火，火為神。舒王曰：首與時為水，而二火也，故曰神戰于玄。其陳陰陽，善惡并者，二為夜，二為小人，小人心雜故也。

葉子奇曰：陳、陣通。二為下之中，在思反覆未定之時，故言戰。思而未定，故雜。陳曰陰陽，亦言其雜也。可善可惡，思未定也。

陳本禮曰：火，夜。地二生火，生即遇克，火被水克，不讓故戰。神也者，陰陽之靈氣也。玄也者，窈冥沖漠之府也。陳者，未戰而排列其卒伍也。陰陽者，善惡分爭之象也。《易》曰：「剛柔始交而難生，故戰於玄」。坤之上六曰：「龍戰於野，其血玄黃」，陰盛之極，至與陽爭，兩敗俱傷，此則火遇水克，有兩不相讓之勢，故戰。

鈴木由次郎曰：十二月二十二日，夜。火。神，陰陽的靈氣。神靈在目所不能見的深奧處戰鬥，構成其陣者為陰陽，心若不純正，則善惡在心中互爭。

高亨、董治安曰：神指人的精神，即人的思想。玄，無形也。《太玄·玄告》篇云：「天以不見為玄，地以不形為玄，人以心腹為玄」。可作參證。陳讀為陣。陰，惡也。陽，善也。兩句是說，人的思想鬥爭在於內心，不現形於外，鬥爭兩方面的陣營，是善是惡，是與非，正確與錯誤。

劉按：此玄為人之心，神，精神，思想。戰，鬥爭也。陰陽，思想鬥爭的兩個方面，測所謂善惡並也。

測曰：神戰于玄，善惡并也。

范望曰：陽善陰惡，相并奪也。

陳本禮曰：並，奪也。《玄文》曰：「神戰於玄，何為也。小人之心雜，將形於外，陳陰陽以戰其吉凶者也。陽以戰乎喜，陰以戰乎凶，風以識虎，雲以知龍，賢人作而萬物同。」

鄭維駒曰：次二思中，小人初念未必不善，轉念則有善有惡，故有陰陽交戰之象。神戰而勝則無坤上六之戰，故君子當戰勝於玄。

高亨、董治安曰：並，同時存在也。思想鬥爭在於內心，是善念和惡念同時存在。

次三：龍出于中，首尾信，可以為庸。

范望曰：庸，法也。三，木也。木在東方，故稱龍也。春陽之氣，萬物所出，故稱出也。言首尾可以為法者，首出庶類，萬物資始，故其首尾可以為法也。

鄭氏曰：信舊音伸，當如字。

司馬光曰：宋、陸、王、本作「首尾信可囧以為庸」，范、小宋本無「囧」字，今從之。陸曰：造，作也。范曰：庸，法也。王曰：陽氣益進，造物之功始見。光謂：三為成意而處思之外，君子既思之則行之，所為之跡迹見於外，人得而知，故曰龍出于中也。君子行己，自始至終，出處語默，不失其宜，信乎可以為人之常法也。《易》曰：「見龍在田，利見大人。」

胡一桂曰：舒王曰：首與時為水，三為木，木生於水，龍亦生水，故曰龍。

葉子奇曰：三屬木在東方，震卦，故稱龍。此則當意之成，故出也。以其當晝而吉，故首尾可以為法。

焦袁熹曰：潛龍故勿用，首尾信則可以為庸矣。庸，用也。功也。見其造，造，作也。與大人造也之造同。

陳本禮曰：木，晝。信同申。天三生木，木為青龍，故稱龍。龍在水中，蛟龍得水則能興雲雨，膏下土，首尾申者，正出潛離隱，大有為之時也。庸，法也。龍之潛見飛躍，能各因乎其時，故可法也。此正陽之龍，在下為九二，在上為九五，皆具有中德，故可法。

鄭維駒曰：中孚互震為龍，玄數三八類為麟，故云龍出於中。中孚下二陽即乾下二陽。出於中者，由潛而見也。潛勿用，故出可以為庸。

鈴木由次郎曰：十二月二十三日，晝。牛二度。木。龍在次三為龍，以木為青龍。庸，常，法。龍出池中而登天，其出處進退合於時，足以為人法則。

高亨、董治安曰：中，正也。信，借為伸。范注：「庸，法也」。不切。焦袁熹《太玄解》：「庸，功也」。《周禮·大司徒》：「以庸制祿」。鄭注：「庸，功也」。為庸，即成功。這是說，龍出現於適當的時間與環境，得其正，則首尾

伸展，任意活動，有所為可以成功。如龍在天暖季節出現於雲霄，便能自由飛
騰，成興雨之功（先秦兩漢人認為龍能興雨）。《法言‧問明》：「龍……時未可
而潛，……時可而升，……潛升在己，用之以明」。就是說，龍之出要待時之
正。《周易‧乾卦》初九：「潛龍勿用」。上九：「亢龍有悔」。亢龍本即沆龍，
池中的龍。《易傳》釋亢為極高，則亢龍是飛到雲層上面的龍。《法言‧先知》：
「龍之潛亢，不獲其中矣」。就是說，龍之出要憑環境之正。

　　劉按：正不是環境的正，而是其時的正，以及所動與時合不合之正。中首
次三：「龍出於中，首尾信，可以為庸。」宋衷、陸績、王涯本「可」下有「罔」
字，非是。可罔，不辭。罔，不也，不以為庸，亦與「龍出於中」、「首尾信」
及測辭「見其造也」諸語不合，知「罔」為衍文。集注本、范注本不從宋、陸、
王本，是。信當讀為伸字，《荀子‧不苟》：「剛強猛毅，靡所不信」，《臣道》
篇，「諫爭輔拂之人信則君過不遠」，《天論》篇：「老子有見於詘，無見於信」，
楊注並謂信讀為伸，古字通用。《易‧繫辭》「以求信也」，《釋文》，「信本作伸」，
是其例也。集注曰：信乎可以為人常法也，以信為副詞，非是。又以信字屬下，
亦非。信若屬下，則首尾二字無屬。若首尾亦屬下，則首尾為法，亦為不辭。
知信當讀為伸，連首尾三字為句，方可與上下文意相貫通。庸，范注，法也。
亦非。庸用古通，典籍中例證極多，茲不備列。此句意謂龍出於中，首尾伸展，
可以為用。《玄文》：「龍出乎中何為也，曰龍德始著也」，又曰：「龍出於中，
事從也」。意皆相合，是其證。《太玄》此贊，蓋用《周易》乾卦之義，乾卦初
九為潛龍勿用，九二為見龍在田，利見大人，九五飛龍在天，利見大人，《太
玄》中首初一昆侖旁薄幽，謂尚幽隱不見，與潛龍勿用意同，次三龍出於中，
首尾信，可以為庸，與見龍在田，利見大人意同。次五日正于天，利用其辰作
主，與飛龍在天意同。《易》由潛龍、見龍而飛龍，由勿用、見用而至用之極，
《玄》亦由幽隱、為用而至作主，其意一也。焦袁熹《太玄》解曰：「潛龍故
勿用，首尾信則可以為庸矣。庸，用也。」即以《易》解《玄》，得其意。范
注與集注均未繹其意。又，測辭曰：「龍出於中，見其造也」，造，陸績曰：作
也，焦袁熹同，又曰：「與大人造也之造同」，其說是。范注：首出庶物，造成
之也。解為造成庶物之造。王涯曰：造物之功始見，沿用范說，不如陸、焦訓
為作更合語意。作猶興，《易‧乾‧象》曰：「飛龍在天，大人造也」，陳夢雷
《周易淺述》曰：「造，作也，聖人興起」。是其意也。《玄》之見其造也，意

與《易》同，蓋謂龍德始著，可以用事，見其造作興起也。正與贊辭龍出於中，首尾信，可以為庸相應。此亦可明贊辭之意也。

測曰：龍出于中，見其造也。

范望曰：首出庶物，造成之也。

陳本禮曰：造，作也。有大人之德然後能變化有為，故《易》曰：「聖人作而萬物睹」。

鄭維駒曰：乾九五為大人造，由出而造，故見其造也。

高亨、董治安曰：《集注》引陸曰：造，作也。龍出於正，可以看到它將有所作為。如龍在天暖季節出現於雲霄，可以見它將興雨以潤澤萬物。比喻人事，則謂有才德的人出仕於適當的時間和環境，將建立一定的事業。《周易·乾卦》九五：「飛龍在天，利用大人」。《象傳》：「飛龍在天，大人造也」。揚雄此條《測》文乃採用《周易》。

次四：庫虛無因，大受性命，否。

范望曰：四，金也。廢則為陰，陰道卑虛，無所因緣，待陽唱導，乃和而承之，欲大受，反陰之義，故否也。

鄭氏曰：庫舊音卑，又平彼切。按：庫與卑同音。否，部鄙切。

司馬光曰：庫，毗至切。王曰：四近於五，臣位極盛，當高而自庫，實而若虛，有而若無，因物之功，不自作為，故曰庫虛無因。光謂：庫，下也。中和莫盛於物，五者，位之隆、德之盛也。四當夜，小人也，而逼於五，不度其德，進取狂簡，謂夫性命之理造次可及也，故大受之而無辭避。夫性命，理之至精者也，非小人之所得知也，故曰否。《論語》曰：「子罕言命」，又子貢曰：「夫子之言性與天道，不可得而聞也」。子曰：「亡而為有，虛而為盈，約而為泰，難乎有恒矣。」

胡一桂曰：四於贊為陰為虛，語曰小人不可大受，言不量力而無辭辟，故以否言之。

葉子奇曰：陽尊陰庫，陽實陰虛，陽有陰無，陽唱陰和，四逢夜陰，故庫虛無因。陽施陰受，然陰微弱，可以小受，而不可以大受，大受則非也。

陳本禮曰：金，夜。庫音卑。地四生金，金在水世，水洩金氣，故庫虛也。無因，無所承也。語云：為高必因山陵，為下必因川澤，高不因山陵必崩，下不因川澤必竭，四以庫虛無因之人而欲妄希大受，必致性命否也。

鄭維駒曰：陽崇實，陰庫虛，陽有陰無，陽造陰因，次四時數皆陰，不能如陽之崇實有造也，而欲大受性命如乾道之各正，故否矣。

鈴木由次郎曰：十二月二十三日，夜。金。卑虛，下等之人。下等而毫無教養的人，想要達到深遠的人性之理，是不可能的。

高亨、董治安曰：司馬光說：庫，下也。《說文》：「庫，屋卑」。房屋低矮為庫。庫與卑古通用（見《古字通假會典》），此庫即卑字，指人的地位卑下。虛，空虛也，指人腹內空虛，沒有才學。《呂氏春秋·盡數》：「因智而明之」。高注：「因，依也」。《論語·學而》：「因不失其親，亦可宗也」。義同。無因，是沒有根據。大受，指接受大的官職。《論語·衛靈公》：「君子不可小知而可大受也。小人不可大受而可小知也」。義同。性，德性也。命，命運也。否，不善也。此條贊辭是說，人的地位本來卑下，腹內本來空虛，又沒有什麼依靠，而忽然接受大的官職，他的德性和命運都將不好了。要之，得官職必出於正。

劉按：據高、董所說，知其斷句為：「庫虛無因，大受，性命否」。應是「庫虛無因，大受性命，否」。大受性命，即古人常說的受命。

測曰：庫虛無否，不能大受也。

范望曰：陰道默從，故不能也。

陳本禮曰：因者如舜受堯禪，禹受舜禪，皆非無因而得者也。今莽以一外戚無賴，遂欲妄希非分，而干天位，豈可得乎。

高亨、董治安曰：「無否」，《集注》本作「之否」。高師說：「無否，疑當作無因，宋本改為之否。」

文字校考：范注本中首次四測辭曰：庫虛無因，不能大受也，集注本無作之，盧校，舊作無，今從司馬《集注》本作之。盧校是，當作之。次四贊辭曰，庫虛無因，大受性命，否。測辭庫虛之否，即贊辭三句之省文，此乃《太玄》測辭通例之一，如中首次七贊辭「酋酋，火魁頤，水包貞」，測辭則作酋酋之包，上九贊辭「顛靈氣形反」，測辭作顛靈之反，周首初一贊辭「還於天心，何德之僭，否」，測辭作還心之否，諸如此類，皆贊辭繁而測辭省作某某之某之例。此贊之測辭當亦屬此例。又據《玄文》：「庫虛之否，不公也」，庫虛之否，臣道不當，此類說法亦可證當作庫虛之否。若作庫虛無否，則與贊辭無因而受之否意相反。知作「無否」無理。范注本之訛無者，恐涉贊辭庫虛無因之無而訛。司馬光集注時，尚未言與范注本有異，然則此訛誤當在北宋以後亦可知矣。

次五：日正于天，利以其辰作主。司馬以作用，從宋陸王本。

范望曰：五為天子，日，君象也。五亦為土，君而有土，參明于日，故為天子也。中央之位，四方之所歸，故為主也。日之加午，光照天下，主正四方，故云利也。

司馬光曰：范、小宋本用作以，今從宋、陸、王本。王曰：五既居中體正，得位當晝，且為一首之主，故象日正于天。辰，時也。利用及其明盛之時而為物主也。光謂：三儀之道莫盛於中正，故陽家之五，贊之中也，陰家四六，體之中也。而又當晝得正，一首之中最吉者也。故曰日正于天，以言陽之盛也。君子有其道必有其時，有其時必有其位，然後能為民之父母。時既得矣，位既正矣，而不能以道濟天下，豈為民父母之意哉，故曰利用其辰作主。

葉子奇曰：五，君位，在福之中，日，君象，逢陽之晝，是得時之中，故曰日正于天，故利以其辰作主。

陳本禮曰：土，晝。天五生土，五為陽首之主，日，君象，如人主君臨天下正於天者，天子當陽如日臨午。辰，時也。五居中體，正得位當晝，有大人之德，故能時乘六龍以御天，為天下萬國黎民之主也。哀平之世，正天下大亂之時，焉得日正於天耶。迨後世祖中興鄗南即位，方是利辰作主。《法言》曰：「漢興二百一十載而中天，其庶矣乎。」

鄭維駒曰：《玄》用太乙九宮數，五宅中以王，故每首以為主。《玄測》云：「盛哉日乎，炳明離章」，中孚象重離，故王，稱日作主者，向明而治也。

鈴木由次郎曰：十二月二十四日，晝。牛三度。土。辰，時。日正在中天閃耀，已經是得時而位正，宜為天下萬民之主。

高亨、董治安曰：以，《集注》本從宋、陸、王本作用。以、用義同。日正，即日中。《集注》引王曰：辰，時也。日在天的正中，比如貴人居於最高的地位或處於至盛的形勢，其利在於用這個時期作臣民之主，盡主的責任。

測曰：日正于天，貴當位也。

范望曰：貴在中央，於天位也。

胡一桂曰：舒王曰：五為中位為晝，陽明盛而中，故曰日正于天。注：五六，天地之中，故稱日與月。乘中之剛，逢星之陽，所以為利。自子至亥，皆謂之辰。以辰者，日月之會而建所指也。愚謂：五為一首之主，故曰貴當位也。

陳本禮曰：天統明而群陰退避也，跋扈者不敢肆其僥倖之心，陰謀者不敢逞其篡逆之志，所以然者，貴當位也。

　　江紹原曰：利用其辰作主，似當連讀。作主即「君主登場」，「宣告獨立，成立新政權，委員長就職」之類。佛氏分譯為「利用其時而取斷然處置」〔註10〕，未允。測「貴當位也」，猶云「貴者當位也」；「日正于天」，「貴者當位」之象也。江氏又訂正曰：貴當位，余初譯為「所貴者當位」，貴非語主，其意為：「為何日正于天則利用其辰作主？答曰：貴（乎）當位也。」

　　高亨、董治安曰：日中于天，是比喻貴人處於正當的地位。

次六：月闕其摶，不如開明于西。

　　范望曰：六，水之廢也，月，水之精也。在廢之行，故闕也。生明於西，日以就盛，到十六毀圓於東方，故不如開明于西也。

　　鄭氏曰：摶，古團字，徒官切，圓也。《集韻》云：「《周禮》作專，《莊子》作園，《太玄》作摶，其義一也。」

　　司馬光曰：范本摶作傅，賤作明，王本摶作摶，小宋本摶作傅，陳讀博作東，今摶從宋陸，賤從諸家。摶、傅、摶皆與團同。王曰：六為盛極，物極則虧，故象月之過望而闕其摶。開明于西，象月之初一也。玄道貴進，故一象月初而吉，六象月闕而凶。光謂：團，圓也。六以陰質而始過乎中，故曰月闕其摶也。夫月闕其摶，明未甚虧，比之始生於西，猶為盛大。然玄之道貴將進，賤始退，故曰不如開明于西也。猶人之盛滿，心志先退，而後福祿從之也。

　　林希逸曰：賤一作明，不如賤字佳。開明者初三四，其明在西方，一鈎一弓，十五之後，其圓漸缺，雖其明尚多，其勢退矣，此與其進不與其止之意。賤者不與也。

　　胡一桂曰：舒王曰：首時為水，六又水，而在五福上冰，上行而著者，六又為夜，故曰月。注：月闕其博，始退之象，開明于西，方進之。象太玄言五以上作消，損盈之意可知。

　　葉子奇曰：博，盛大也。六在中之偏，盛之極，在水行，月，水之精，盛極故缺也。缺則浸消而至于晦，不如開明于西之漸盈也。玄以此贊當冬至子之半，蓋陰退一分，而陽始生一分也。

　　焦袁熹曰：月闕其摶，其虧幾何，開明於西，孰與闕摶之光猶盛乎，然乃不如者，闕必至於晦，不但已也，明日趨於盛始基之也。西讀如宣。

〔註10〕佛氏，指德國學者 Alfred Forke，他著有《中國中古哲學史》（Hamburg 1934），其中對《太玄》中首及其九贊全部譯出，江氏所說佛氏的解釋，即據此書。

陳本禮曰：水，夜。摶同團。六為盛極，極則虧，此戒小人之盛滿也。開明者，哉生明也。闕摶者，哉生魄也。闕則浸消而至於晦，不如開明於西之漸盈也。玄以此贊當冬至夜子之斗，正陽生之時，陽生則陰退，故月闕其摶。

鄭維駒曰：中孚上為巽，巽納辛，望後月缺於辛，巽象也，故六四爻詞曰月幾望。三五互艮，艮消丙，下弦之象也。月退辛消丙，故闕其摶。二四互震，震納庚，始生之月見庚，震象也。故云不如開明於西。中孚象天地，玄以日月繫乎其中，又以月不能並日，當以盈滿為戒，其旨深哉。

鈴木由次郎曰：十二月二十四日，夜。水。摶同團，圓。滿月而缺，不如始於三日時月出於西方天空。以退為賤。

高亨、董治安曰：摶，原作摶。《集注》：「范本摶作摶，王本摶作塼，小宋本作博。」《釋文》：「摶，古團字。」按當作「摶」，今改正（《測》文同此）。司馬光說：「摶、摶、塼皆與團同。團，圓也。」開，初生也。明，光也。月在望日後虧缺其圓體，不如在朔日後生光明於西。因為前者光雖大而逐漸下減，後者光雖小而逐漸上增；比喻人事，家國事業盛滿而走向衰亡，不如萌芽而走向興旺。

文字校考：中首次六，月闕其摶，不如開明于西，范注本作摶，集注本作摶，范本釋文作摶，曰，古團字，集注曰：范本摶作摶，然則今本范本作博者，乃摶之訛（從十從忄可通）。又，范注，生明於西，日以就盛，到十六毀圓於東方，此言月自生明而至成圓（團圓皆圓），又至毀圓。贊辭，月闕其摶，不如開明於西，測辭，月闕其摶，明始退也。亦言月之生明發光圓缺變化之事，據此亦可知范本不當作博，以博無圓圓之義故也，然摶亦無圓圓之義，《爾雅・釋訓》：「摶摶，憂也」，《詩・素冠》：「勞心摶摶兮」，毛傳：摶摶，憂勞也。是摶訓憂，不訓圓圓。然則范本作摶者亦非。王涯本作塼，乃甎之異體。《廣韻》：甎，甎瓦，《古史考》曰：烏曹作甎，《集韻》：甎，塼，燒甓也，或從土，是甎、塼為一字之異體。甎或作磚，《說文》手部：「摶，圓也，從手，專聲」，口部：「團，圓也，圓，圜全也，圜，天體也」，天體謂日月等象，亦圓圓也。此數字義皆謂圓圓。然則摶字正與《太玄》之義相合，知《太玄》原文當即作摶。塼，與摶形近易訛，《荀子・正論》：「譬之是猶以塼塗塞江海也」，盧文弨曰：塼，俗字，《荀》書本作摶。《詩・斯干》：「載弄之瓦」，毛傳，瓦，紡塼也。阮元《校勘記》曰：小字本塼作摶，乃形近之訛。此皆塼摶形訛之例。王涯注曰：象月之過望而闕其團，則王本原亦當作摶，必為後之抄者筆誤而訛為

塼。范本作博者，亦形近而訛者，乃後又訛為搏。《玄文》二引月闕其搏，范注本並訛為博，並當改正。集注本作搏是，然又曰搏、塼、博皆與團同，此則非是。博、塼二字皆無團圓之義，前已明之，故不得謂與團同，唯搏字可訓圓圜之義，義與團同，故可通用。《太玄》用搏，不用團，楊雄喜用僻字故也。

測曰：月闕其博，明始退也。

范望曰：臣道毀闕，故明退也。

葉子奇曰：陰退則陽生也。

陳本禮曰：日中則昃，月滿則虧，明始退者，君漸昏暗，國政日非，小人之佞者奸者日漸盈於朝也。

江紹原曰：司馬云范本搏作塼，萬玉堂范本卻訛為博，所附釋文不誤，皆與「團」同。贊辭實云「⊃不如⊂」而已，上二簡圖，首圖可說是說文訓為「闕也」之月字，次可表德語 Neumond，也有幾分像德國友邦土耳其之國徽（江氏後又補充說明其圖：前圖形為望後數日之月形，後圖形為新月形）。「月闕其團」為「賤（者）始退」之象，故測云云。法言：「月未望則載魄於丙，既望則終魄於東」。讀此，知陳本作「月闕其東（既望）」，不如開明于西（未望），並非全無理由。次五次六兩贊，意義實極明顯。其中樞觀念，在他首另有表現，而且未始不可以說，楊子雲是從易經採去的。陳澧曰：「『日正中，月正隆，君子自晦，不入窮。測曰：日中月隆，明恐挫也。』（晦首）『月闕其搏，不如開明于西，測曰：月闕於搏，賤始退也。』（中首）此邵康節之學所自出。朱子云：『康節凡事只到中央便止，如看花切勿看離披是也』（語類卷一百）。」（東塾讀書記卷十三，頁十五）易傳有文言，講解乾坤兩卦，太玄以玄文擬之，講解中首。玄文曰：「月闕其搏，不如開明于西，何為也？曰：小人盛滿也，自虛毀者，水息淵，木消枝，山殺瘦，澤增肥，賢人睹而眾或知」。江氏又訂正曰：賤始退，余初譯為所賤者始退，賤非語主，其意為：「為何月闕其搏不如開明于西？答曰：賤始退（始退可賤）也。」此賤始退三字之文法關係，與應次六測「陽始退」者不同。焦袁熹以為西讀如宣，西為何讀如宣，我卻不明，讀如字似無甚不妥。

高亨、董治安曰：月缺其團，是月光開始減退，以後將逐日減退，以至消滅，所以不如開明於西。

文字校考：中首次六測辭曰：「月闕其搏，明始退也」。集注本明作賤，范注本作明。按，集注本以宋衷、陸績本作賤，是。賤始退之賤，與中首次五測辭貴當位也之貴字相對為文，若作明，則不對矣，是其證。又，次五贊辭：「日

正於天」，次六贊辭則曰：「月闕其搏」，正以日月相對，可知次五次六贊辭測辭俱為對文，此亦可證。

次七：酋酋，火魁頤，水包貞。

范望曰：七，火也，酋，就也，魁，藏也，包，取也。火始王，水流下，萬物（萬玉堂本物下又有一物字，為衍文，據《大典》本刪）當成就業，冬藏而養之，各得其正也。

鄭氏曰：酋字秋所就也，酋酋言其所就非也。

司馬光曰：諸家本作大魁頤，王本作火魁頤，今從之。陸曰：則，法也，任臣用典法也。范曰：酋，就也。小宋曰：頤，養也。光謂：魁，斗之首也。任，用也。七為消、為敗損、為滅天，有秋之象，又有刑罰之象。秋物成就，故曰酋酋。天之成物，必資於秋，君之馭臣，必資於法。子產曰：太上以德撫民，其次莫如猛，火烈，人望而畏之，故鮮死焉。水懦弱，人狎而玩之，故多死焉。人君之心，執法無私，如火烈烈，人不敢犯，以為物之首，然不可失養人之道。寬而容物，如水之浮天載地，無所不包，然不可懦而失正，故曰火魁頤，水包貞，此人君用臣之大法也。

葉子奇曰：酋酋，成就意。魁，首也。七為衰落之始，物至是而皆成就，故云成就之首。頤養於水，而包藏之，各得其正也。

陳本禮曰：火，晝。二為火之廢，故戰於玄，水火相克也。七為火之王，而在禍始。酋，渠長。魁，帥也。酋酋者，火性猛烈而炎上，而又值斗正建子，子為陽水，陽伏陰中，火育水腹，水火相交，各得其用，以成既濟之功，故曰水包貞。酋酋字已見其猛烈，一魁字更見其氣燄薰天。

俞樾曰〔註11〕：中：火魁頤水包貞。樾謹按：諸家本皆作大魁頤，溫公從王涯本作火魁頤，與水包貞對文，是也。惟魁字義當從范望訓藏，周次三吉凶之魁，積次七魁而顏而，《玄告》篇：「神之魁也」，范並曰魁，藏也。魁之訓藏，他書所無，而范注屢見，必有所受之，《說文》衣部：「褢，袖也，一曰藏也」。訓魁為藏，蓋讀魁為褢，魁褢並從鬼聲，故得通也。《說文》包部：「包，象人褢妊」，是則褢與包同義，故曰火褢頤水包貞。《漢書·外戚傳》晉灼注曰：包，藏也。是褢包皆藏也。測曰：「酋酋之包，任臣則也」，言包不言褢，以其義同耳。因假魁為褢，學者但知有魁首之義，而范注遂莫之從矣。

〔註11〕俞樾對《太玄》的考證，見所著《諸子平議》卷三十三。

鄭維駒曰：七為火，於時為夏，酋，聚也，魁，大也。聚萬物而大以養之，故曰火魁頤。水包貞者，中孚值坎位，坎為水，又在水行，火之用藏於水也，則足以養萬物而得其貞矣。

吳汝綸〔註12〕曰：介甫文「儒先酋酋」本此。

鈴木由次郎曰：十二月二十五日，晝，牛四度，火。酋酋為魁，形容火炎上而不能消。頤，養。猛烈燃燒的火，水可養之。水與火相雜而分別正確發揮其作用，則物事得以成就。

劉按：鈴木此贊斷句為：酋酋火魁，頤水包貞。與眾不同。

高亨、董治安曰：酋酋火魁，頤水包，貞。火，原作大。《集注》：「諸家本作大，王本作火，今從之。」按當作火，今改正。高師說：酋借為熘。《說文》無熘。《玉篇》火部：熘，繆也。繆，火貌，又燒也。《說文》火部：「繆，火貌。」熘熘，火燒的狀態。《國語·周語下》：「而幽王蕩以為魁陵糞土。」韋注：小阜曰魁。《史記·魏世家》：「敗周人于范魁之西。」《正義》引賈逵曰：「川阜曰魁。」熘熘火魁是說熘熘然有火燃燒在小土丘上。頤借為沱，實借為汜。《詩·江有汜》：「江有汜。」毛傳：「決復入水為汜。」《說文》：「汜，水別復入水也。《詩》曰：江有汜。」水由大川分出，繞個彎又流入大川，名曰汜；而汜之彎必包圍一塊土地。汜水包，是說汜水包圍火魁，火被水隔絕，不能延燒別處。此條贊辭比喻國內發生小的變亂，賴有大臣加以防衛，變亂未能蔓延。大臣防衛變亂是正確的，所以用貞字作斷語。

文字校考：范注本中首次七，酋酋，大魁頤，水包貞。集注本大作火。按，當作火。此二句對文，水火相對成文，猶魁（訓藏，說詳後）對包，頤對貞。《玄數》：二七為火，指次二次七為五行之火。范注，火二廢七王。是火至次七始為王，言其得時也，故次七之贊言火。又據測辭，酋酋之包，任臣則也，言火剛為猛，水柔為寬，寬猛相濟，乃任用臣子之法則，亦兼水火而言。此皆可證當作火。若作大，則與此數事不符。魁，范注：藏也，集注：斗之首也。范注是，俞樾《諸子平議》已辨之，可參見。包即藏，魁對包，義相近。集注「斗之首也」，乃與全句文意不相聯貫，不足取。《玄文》曰：「酋酋之包，何為也，曰，仁疾乎不仁，誼疾乎不誼，君子寬裕足以長眾，和柔足以安物，天地無不容也，不容乎天地者，其唯不仁不誼乎，故水包貞」。此一節亦言天地君子寬裕和柔包容之廣博，正與贊辭包藏之義相應。末止言水包貞，不言火魁

〔註12〕吳汝綸有《點勘太玄經》，其中間有釋其義旨者。

頤者，言水包貞，則火魁頤即在其中矣，此亦可知。猶測辭「酋酋之包，任臣則也」，言一包字，則火藏水包之義皆在也。火猛而藏頤養之道，水柔而包貞正之德，兼此二者，此正君主任臣之則也。測辭正承贊辭火魁頤水包貞語意而言也。此皆可互證其意。盧校：馮（複京）曰：魁，魁蛤也，七為甲魁之象，大蛤有甲滿（去水旁）胡。七火而其象大蛤者，《莊子》所謂火中有水也。方諸取月中之津，故曰大魁頤水。何焯云：《士冠禮》「以魁枡之」，注：魁，蜃蛤，則魁為大蛤明矣。注訓魁為藏，陋甚。此據馮、何之說，則以大魁頤水四字為句，謂大蛤養水也。此說甚無理。《玄數》：「二七為火，類為羽，為戈，為甲」，然則二七為羽蟲之象，而非甲蟲之象。為甲之甲，為戈甲之甲，即甲胄之甲，范注謂葉自覆也，則為植物孚甲之甲，皆非甲蟲之甲。《玄數》：「一六為水，類為介」，范注：介，甲也，甲蟲之類，然則一六方為甲蟲之象。而馮以七為甲蟲之象，此其誤一也。即使可訓為大蛤，則大蛤頤水之說究為何意，甚不可解，亦與測辭任臣則也之意無涉，此其不通二也。又據馮說，以大魁頤水四字為句，然《玄文》言水包貞，明當以水字屬下，不當屬上，言大魁頤水也。然則馮氏斷句與楊氏原讀不合，亦可證其說之誤。何焯沿用馮氏魁蛤之說，亦非。由此三者，可知馮與何之說不足取。

測曰：酋酋之包，任臣則也。

范望曰：臣主收斂，故任其則也。

胡一桂曰：眾所就謂之酋。愚謂：次七有大魁象，卦時為水，七為火，水火不相射而相生息，有頤水包之象。下相滅息而相生息，亦正道也。水為主，則火為臣，有任臣法則之象。

陳本禮曰：則，法也。君之克濟，必資於臣，養之者，水之力，調和鼎鼐者，臣下之功勛，故曰任臣則也。《玄文》曰：「酋酋之包，何為也。仁疾乎不仁，誼疾乎不誼，不仁不誼」，指酋酋火魁而言也。又曰：「君子寬裕足以長眾，和柔足以安物」，此指瀆水包貞而言也。其云：「天地無不容也，不容乎天地者，其惟不仁不誼乎」，此則直言刺莽，不啻大聲而疾呼之矣。

鄭維駒曰：在水行，火之於水，猶臣之於君，得相劑之道，故任臣則。

高亨、董治安曰：《集注》引陸曰：「法，則也（當作則，法也）。任臣用典法也。熠熠火魁不能延燒，是由於氾水的包圍；小小變亂未能蔓延，是由於大臣的防衛，這是國君任用群臣合於法則的結果。

文字校考：中首次七測辭曰：「酋酋之包，任臣則也」，范注：臣主收斂，故任臣則。意謂任用臣子收斂之法則。陸績曰：則，法也。任臣用典法也。嘉本和備要本則法二字誤倒，《道藏》本法訛去，今據《道藏》乙正嘉本與備要本，據則法也改去為法。集注曰：（七）有秋之象，又有刑罰之象，君之馭臣，必資於法。子產曰：太上以德撫民，其次莫如猛，火烈，人望而畏之，故鮮死焉。水懦弱，人狎而玩之，故多死焉。人君之心執法無私，如火烈烈，人不敢犯，以為物之首，然不可失養人之道。寬而容物，如水之浮天載地，無所不包，然不可懦而失正，故曰火魁頤，水包貞。此人君用臣之大法也。陸與司馬光之意，謂任臣則為任臣之法則，范讀任臣則為任——臣之則，陸與司馬光讀為任臣——之則。依范氏讀，則猶言七火始王，萬物皆成，當用臣子收斂之則，以包藏收斂萬物而養之，使各得其正。依陸與司馬光讀，則猶言任臣當用子產所謂寬猛相濟之法，火猛水寬，各有其弊，當兼採而互補之。猛而不失養人之柔，寬而不失貞正之剛。所讀不同，而意大異。然依贊辭火魁頤水包貞之語，當以陸與司馬光兼採水火之說為長。《玄文》亦曰：「酋酋之包，能任乎刑德」。刑德云云，即司馬光所謂水火剛柔、寬猛相濟之意。據《玄文》此語，可知司馬光注得楊氏之意。

次八：黃不黃，覆秋常。

范望曰：八為木，木上玄下黃，故以黃諭，黃亦中央之色，八亦上體之中，黃宜中不中者，敗其成就之法也。

司馬光曰：范曰：黃，中之色也。八亦上體之中也。光謂：八為剝落，又為沈天，亦秋之象也。秋者萬物成就收功之時也。八居中位而當夜，無中之德，覆敗秋之常道，喪其成功也。

林希逸曰：秋氣肅殺，萬物覆敗，常數之必然也。黃，中也。為德不中，則必至覆敗，猶常歲之秋必肅殺萬物也。

胡一桂曰：黃者中色，諸二則中，故曰黃。八為夜，夜為小人，故曰不黃。八雖上之中，以木近金，故有中德之失。時反乎酋酋，而有秋常之敗，故曰黃不黃覆秋常。

葉子奇曰：黃，中色，八雖居上體之中，宜乎其中，以其居陰邪之地，故中而不中，以失秋常也。

焦袁熹曰：黃不黃者，木宜黃落而不黃，則覆秋之常矣。若所謂陰霜不殺草也。

陳本禮曰：木，夜。八為地木，陰木也。雖居中得位，然陰邪性成，時值秋令，木葉宜黃而不黃，直欲炫奇表異以欺世盜名，不復顧秋常之覆也。

鄭維駒曰：中孚，黃在中之象也，黃，中之色，物成熟而黃，秋之常也。八處中無自成之德，故不黃而反其常。

鈴木由次郎曰：十二月二十五日，夜。木。秋季是木葉發黃之時，卻不變黃，炫奇而呈異色，欺世盜名，其行反於秋之常道。

高亨、董治安曰：范注：覆，敗也。（《玄文》篇）常，正常也。焦袁熹《太玄解》：「木宜黃落而不黃落，則覆秋之常矣，若所謂隕霜不殺草也。」

測曰：黃不黃，失中德也。

范望曰：宜中不中，故失德也。

陳本禮曰：中，美德也。木當黃而不黃，與不黃而黃，皆非常道，此刺莽也。史稱莽自謂黃帝，後郊祀黃帝以配天，黃后以配地，改正朔，易服色，配德上黃，使節旌旛皆用純黃，今曰黃不黃者，蓋譏其遙遙華冑冒認祖宗，不知有玷於倫常之序，故曰失中德也。

鄭維駒曰：處禍而自反中德也。惟君子能自反，小人失之。

高亨、董治安曰：中，正也。秋之德在於殺，今宜黃而不黃，是失去了正德。《玄文》篇：「黃不黃，何為也？曰：小人失刑中也。」可見揚雄是以天道的當殺而不殺比喻君道的當刑而不刑。此條是講秋氣的不中與刑罰的不中。

劉按：該黃不黃，是因為失中德，此中位而無中德之義。所以如此，用首例贊例一查即知。

上九：巔靈氣形反。

范望曰：九為金，萬物之所終也。物之所終亦於九（大典此句作物終於九，是），贊亦終於九也。巔，下也，死氣為魂，其形為魄，魂登于天，魄歸于地，故言反也。登則為神，故謂之靈也。

鄭氏曰：巔注云下也，當作顛危之顛。

司馬光曰：范曰：顛，下也。（同范注本，略）。王曰：陽極於上，陰絕於下，靈魄以（大典作已，是）顛墜矣，則氣反於天，形歸於土。光謂：靈者心之主，所以營為萬務，物之所賴以生者也。上九居中之極，遇禍之窮，有生之終者也。靈已隕矣，則氣形各反其本也。凡《玄》之贊辭，晝夜相間，晝辭多吉，夜辭多凶，又以所逢之首及思福禍述其休咎，此《玄》之大指也。九逢日

之畫，而云顛靈氣形反，辭若凶者，何哉？夫吉凶者非幸不幸之謂也。得君子之道，雖遇禍猶為吉，失君子之道，雖遇福猶為凶。故《瑩》曰：「天地所貴曰福，鬼神所祐曰福，人道所喜曰福，其所賤所惡皆曰禍。」《文》曰：「君子年高而極時者也歟」。明君子守正以順命也。《洪範》五福有「考終命」，孟子曰：「君子盡其道而死者，正命也。」

胡一桂曰：極上則顛，氣形殄滅，然九為晝為君子，能順性命之理，而與時偕極焉。此下則係《玄文》以擬《文言》，文多不具載〔註13〕。

葉子奇曰：巔，隕也。九居禍之終，在殄絕之地，猶人魂氣反天，形魄反地，死而隕絕其靈之象，此雖當晝，以其居終，雖晝亦凶。蓋以終之義為重也。

陳本禮曰：金，晝。九為陽之窮，數之終也，禍由於下，逢周首之火，以衰金遇壯火，火旺則金死，故魂登於天，魄歸於地，其靈顛矣。

鄭維駒曰：《大戴禮》：「陽之精氣曰神，陰之精氣曰靈」，陽極陰生，故巔則為靈，而氣形皆而歸也。

鈴木由次郎曰：十二月二十六日，晝，牛五度。金。顛靈，陽极於上，陰絕於下，心身顛墜。氣形，氣指精神，形指肉體。生命絕而魂魄各歸其本，此時之時勢，不能勝天命。

高亨、董治安曰：顛，原作巔，《集注》本作顛，《玄告》亦作顛，今改正（《測》文同）。范注：顛，下也。墜下、落下為顛。靈，魂靈。反，借為返。人失落了魂靈，則氣返於天空，形返於地下，從而死亡。推而言之，人失落了思想的魂靈，則等於死亡或必招致死亡。

劉按：反就是相反，氣形所往相反也。顛靈即死，人死則形氣所之相反。

文字校考：范注本中首上九贊辭：「巔靈氣形反」，集注本巔作顛，按：當作顛。司馬光集注不言諸本文字異同，知光所見各本原皆作顛，故注中無校語記其異同。然則范本原亦當作顛。又據范注：顛，下也，是范注當時正作顛也，今萬玉堂作巔者，乃後人不明文意而臆添山字頭。王涯注：靈魂以顛墜矣，司馬光謂靈已隕矣，三家以下墜、隕為訓，此正顛字之義，亦可證當作顛也。《玄文》引此句作顛，是又一證。《說文》：「顛，頂也，從頁，真聲」，而無巔字，是古人言顛墜之義，皆用顛字。從山者乃後起字，專用於巔頂之義，而以顛言顛墜之義。顛靈，謂人死。人生在世，有靈有形，靈在形內，二者合而不散離。一旦命絕人死，則二者分離，靈出其形，猶自形體顛墜於下然，故曰顛靈。靈

〔註13〕此言以下又有《玄文》篇中關於中首各贊的解釋之辭，以其文多而未錄。

離體而為魂，無靈之形為魄，魂清揚而上登於天，魄濁沉而下歸於地，二者相離，所歸相反，故曰顛靈氣形反。錄入時補記，魏晉時言神形問題，當由《太玄》此說來。

測曰：巔靈之反，時不克也。

范望曰：克，堪也，天命終訖，非所堪也。

胡一桂曰：右中首乃太玄第一首也，故有首序、贊序、《玄文》，自周以下，只首、贊、測三者而已。

葉子奇曰：時運已極。

陳本禮曰：此殆預卜莽避兵漸臺隨斗柄而坐之時也。

鄭維駒曰：陽亢故偕極而不克也。

高亨、董治安曰：《爾雅·釋詁》：「時，是也」，這。范注：「克，堪也。」天命終訖，非所堪也。《爾雅·釋詁》：「堪，勝也。」《禮運·禮器》：「我戰則克。」鄭注：「克，勝也。」顛靈則氣形返，此項法則是不能戰勝的。本條贊辭是講人失落靈魂，則失正。本卦九條贊辭，《玄文》篇有解說。

劉按：所解「時不克」，錯，沒有理解到規則性的東西。時指時勢，黃不黃，覆秋常，都是指時而言。

周

☰ 周：陽氣周神而反乎始，物繼其彙。

范望曰：一方一州一部二家。天玄，陰家，二火，下中，象復卦。行屬於火，謂之周者，冬至之後，陽氣之所始也。周，復也，《易》曰七日來復是也。彙，類也。言萬物各繼續其類，周復其道，故謂之周。周之初一，日入牛宿五度也。

司馬光曰：一方一州一部二家。陰家，火，準復，入周次八，日舍婺女。周，匝也，旋也。宋曰：彙，類也。光謂：萬物隨陽出入，生長收藏，皆陽之神也。歲功既畢，神化既周，而復反乎始，萬物各繼其類而更生也。

鄭氏曰：周還，胡關切。《群經音辯》云：音環者，復之緩也。音旋者，復之還也。水性周營。

陳仁子曰：愚曰：周者天道運周，至是又復而始之機也。天下之理，極者必復，而中者後能復，天之復也得其中，則周乎氣之正，人之復也得其中，則周乎理之善，故《乾鑿度》及《六十四卦推盪訣》：中孚貞於子而繼以復，《太

玄》始於中而繼以周，蓋中者即復之則，故周而復者，亦不過其則，若顏氏之不遠復，其得之。

葉子奇曰：周，復也。神，氣之伸也。彙，類也。言冬至之後陽氣周行而復始，物各繼其類也。周之初一，日入牛宿五度。

陳本禮曰：陰家，二，火，下中，次八日舍婺女，卦準復。《傳》：地二生之。故周屬火。周者復之義也。《易》曰：復，其見天地之心乎。陰不極陽不生，陽自去年冬至至今年冬至節交，始還本位，故曰周。神者陽之靈也。陽氣之發，周而復始，萬物之繼其彙而發者，萌芽甲坼，皆陽之神為之也。故《易》曰：神也者，妙萬物而為言者也。

鈴木由次郎曰：第二首，二火，陰。一方一州一部二家。周，復之意，還復。神，陽之靈。彙，類。陽氣巡而復始。萬物各受陽之功能，隨陽而生長。

初一：還於天心，何德之僭，否。

范望曰：僭，差也，否，不也。水性周營，天心至仁，家性為火，而水居之，當依至仁之德，而欲克本，是為過，故否也。

葉子奇曰：僭，差也。否，不然也。苟復其自然固有之天心，何德之差也。以其在陰家屬夜，質既昏暗，而惜其不然也。

陳本禮曰：水，夜。天心，中也。僭，差也。否，不然也。初一之水還於天心，周為合德，然家性屬火而水克之，傷其本根之地，是為僭也，故否。陰家以一三五七九為夜，辭多凶，二四六八為晝，辭皆吉，後倣此。

孫澍曰：還，復也，復其見天地之心，而群陰尚盛，何僭如之。否，傾也。還心不恕，《易》所謂否終則傾，何可長也。

鄭維駒曰：復見天地之心，乃剛德來反，而初值陰時，是與陽德僭差，復而不亨，故否。

鈴木由次郎曰：十二月二十六日，夜。水。天心，中心，指周首。僭，差。否，否定，惡。初一的水性巡而歸於天心（指周首）。周首火性，今水歸之，則傷其本來之質。此為德過而不善，心非仁恕。

文字校考：周首初一：「還於天心，何德之僭，否。」盧校：「經文通當作『於』，下仿此」，是。天心猶言天性，還於天心，謂一水還其潤下之性也。《玄數》：「一六為水，形下」。范注：「水性潤下」。此性亦何德之德，此贊《集注》全闕，范注：「僭，差也。否，不也」。又曰：「是為過，故否也」。按：范注不確。僭，《廣雅・釋訓》：「擬也」。蓋謂非分之僭越也。《穀梁》隱五年傳：「始

僭樂矣」，范甯《集解》：「下犯上謂之僭」。《公羊》隱五年傳：「譏始僭諸公也」。何休注：「僭，齊也。下效上之辭也。」《漢書・五行志》中之上引京房《易傳》曰：「庶位踰節茲謂僭」。是皆下僭上之義。范氏此注訓僭為差過，不如用僭擬之義為善。否訓不，讀為否定的否，方久切，不如讀臧否之否音痞訓惡，於文意更為合適。《易・師卦》：「否臧凶」，遯卦：「小人否」，鼎卦：「利出否」。《釋文》俱曰：「否，惡也」。又如《詩・抑》：「未知臧否」，《莊子・漁父》：「不擇善否」，《詩・烝民》：「邦國若否」，《釋文》亦曰：「否，惡也。」《漢書・刑法志》：「有司無仲山甫將明之」，林注：「否，不善也。」《太玄》積首：「冥積否」，范注亦曰：「否，不善也」。此皆其例。何通荷，荷，負擔也，負又有恃義，是何德謂恃德也。如《易・噬嗑》：「何校滅耳」，《釋文》：「『何』本作『荷』」，《詩・玄鳥》：「百祿是何」，《左》隱三年傳作「百祿是荷」。《詩・侯人》：「何戈與祋」，《周禮・侯人》疏引作「荷戈與祋」。《無羊》：「何蓑何笠」，《後漢書・蔡邕傳》注引作「荷蓑荷笠」。諸如此類，古籍中例證甚多，可知古時「荷」「何」互通。何與荷均可訓為負擔。《說文》：「何，儋也」，《易・噬嗑》：「何校滅耳」，疏：「何謂擔何」。《廣雅・釋詁》三：「何，擔也」，《左》昭七年傳：「弗克負荷」，杜注：「荷，擔也。」《小爾雅・廣言》：「荷，擔也」。知「何」「荷」訓擔或擔負為古籍所常見。負可訓恃，如《詩・小宛》：「螟蛉負之」，《傳》：「負，恃也」，《周禮・大司馬》：「負固不服則侵之」，鄭注：「負猶恃也」。《國語・吳語》：「德負晉眾庶」，注：「負，恃也」。恃亦可訓負，如《詩・蓼莪》：「無母何恃」，《釋文》引《韓詩》：「恃，負也」。是負、恃義通，然則何、荷亦有負恃之義。「何德之僭」，謂水恃其潤下之德（水潤下，此其性，性即德），而欲僭擬於火家。而此首屬火，為火家，一之水不敵火家之火，故致否惡。范注又曰：「當依至仁之德，而欲克本，是為過，故否也」。依范注，則一水之否者由其不依至仁之德（亦即潤下之性），其實一水所以僭擬火家而致否惡者，正以負恃己之潤下之德也。測辭曰：「還心之否，中不恕也」，正謂一水中心恃其德而不恕於火家炎上之性，故不順從於火家而致否惡。然則范氏此說亦不可取。《太玄》用陰陽五行之說，以陰陽五行及其生克配合其贊辭之休咎，此《太玄》通例。此贊為初一，一為陽位，一又為水，周首屬陰，又屬火，贊與首之陰陽與五行不和，水火相克，是初一之水中心不恕，恃其德而不順從於首家之火，故此贊之辭意為咎。

測曰：還心之否，中不恕也。

范望曰：本末相克，故不恕也。

葉子奇曰：推說不然之由，以其不恕也。

陳本禮曰：史稱郄惲明於天文，知漢必再受命，因上書說莽曰：上天垂戒，欲悟陛下，令就臣位，取之於天，還之於天，可謂知命矣。莽大怒，繫惲獄，此即還心之否，所謂不恕也。

鄭維駒曰：恕乎人心而後還於天心，未有拂於人而能合於天者也。

次二：植中樞，周無隅。

范望曰：二，火也，正午為中，樞立則運，言二極相當，為天杠抽，運周晝夜，故言無隅。隅，方也，晝夜周運，言二極無方常也。

司馬光曰：督猶中也，衣之背縫謂之督。無隅猶言無方也。二思之中，又體之中也，而當日之晝，象君子立慮於中以應萬變，如樞之運，無所不周，故曰植中樞，周無隅。

鄭氏曰：渾天之象，北極常見，南極常隱，其中運轉者，半隱半見。杠，古雙切。柚與軸同，杼軸者，織作之機也。杠柚，運轉之樞也。其中曰杠，兩耑曰柚。注云：二極相當為天杠柚，言南北二極上下相當，天之運轉以此為樞，故曰植中樞也。舊說杠為旌旗之竿，一曰床前橫木，於經注皆不合。

林希逸曰：《莊子》曰：樞得其環中，即植中樞也。植，立也，立於中而能運，故曰植中樞。周環而無方隅，言不可定也。衣之背縫曰督，督，中，慮，思也。立中於心，故曰立督慮也。

葉子奇曰：二為思之中，故其處於內者既中正而不偏，是以應於外者復周流而無滯，所以善也。

陳本禮曰：火，晝。范曰：二，火也，正午為中，樞立則運，二極相當，為天樞紐，運周晝夜，故言無隅。隅，方也，晝夜周運不絕，無方隅之可指也。

孫瀜曰：《書》曰：若網在綱，有條而不紊，子曰：譬如北辰，居其所而眾星共之。

鄭維駒曰：復一陽既成之後，而後乾坤闔闢，戶始有樞，周無隅者，樞不動而動於無方也。次二思中，故為中樞。

鈴木由次郎曰：十二月二十七日，晝，牛六度，鹿角解。火。中樞，正中。立於正中，晝夜運行而不偏於一方。思慮立於中，以應万變。

文字校考：周首次二：「植中樞，周無隅」。范注：「二極相當，為天杠柚」。按：杠柚即中軸，亦即中樞。《禮記·檀弓》注：「以練網旌之杠」，《釋文》：「杠，竿也」。《晉書音義》：「杠，竿也」，是杠可訓竿。杠竿俱謂圓柱棍形之

物。軸樞者須居中運轉，故以圓柱形杠竿為之。「柚」通「軸」，《釋名‧釋車》：「軸，抽也，入轂中可抽出也」。此即以「抽」訓「軸」，由二字形音相近故義可通。范注「杠柚」即釋正文中樞之意。《管子‧水地》：「其樞在水」。房注：「樞，主運軸者也」。《素問‧陰陽離合論》：「少陰為樞」，王冰注：「樞，所以主動轉之微」。是樞者居中主運轉者也。軸與樞義亦通，在門曰樞（《繫辭》「樞機之發」，《釋文》引王廙注：「樞，戶樞也」，《荀子‧富國》：「人君者所以管分之樞要也」，楊注：「樞，戶樞也。」在車曰軸，《後漢書‧馮異傳》李賢注：「軸，車軸也」，名雖不同，其實一也，皆居中主運轉者。此言杠柚，即謂杠軸，以軸釋樞也。二極相對，為天之軸，如門戶之樞。天有中軸，戶有中樞，則可周運無隅，以此喻人，植立貞正為其中樞，則可周運無隅也。

測曰：植中樞，立督慮也。

范望曰：慮，度也，督，正也，運以正度也。

鄭氏曰：注云：督，正也。慮，度也。按：督之訓正，本於《爾雅》，慮訓法度之度，則未聞。

葉子奇曰：督，中也。慮，思也。思而以中也。在陰家，則一三五七九為夜而凶，二四六八為晝而吉，後倣此。

次三：出我入我，吉凶之魁。

范望曰：魁，藏也。我謂三也。三為木，火之母也，火無木不盛，火盛則消木。夫為人子，無克母之義，夫為人母，無證子之道，其有吉有凶，猶相為隱，故言吉凶之藏也。

司馬光曰：夫外物之來，入乎思也，言行之動，出乎思也，得其宜則吉，失其宜則凶。三居成意之地，思之隆也，而當日之夜，故戒之曰：吉凶之出亦自我，吉凶之入亦自我，為吉凶之魁首，可不懼乎。一出一入，周之義也。

葉子奇曰：魁，首也。三為意之成，用之始，其用不用，皆由於我，善否之應，所以為吉凶之首也。

陳本禮曰：木，夜。我，三自謂也。三為木而在火家，當日之夜，火由木生，木還火滅，禍由己生，孽由自作，故曰出我入我，吉凶之魁。

孫澍曰：《書》：克念作聖，罔念作狂，禍福無不自己求之者，故曰吉凶之魁。或曰：魁，首也，倣也，不可不懼，謂當由微知著，如顏子有不善未嘗弗知，知之未嘗復行也。

鄭維駒曰：鍾惺云：出者生之徒，入者死之徒。補：震為出，出入無疾，天心之出入也。出我入我，人心之出入也。無疾斯無咎，有我故有吉凶。

鈴木由次郎曰：十二月二十七日，夜。木。吉凶之來，吉凶之去，本於我之思。我思為吉凶的張本者，必須懼而慎之。

測曰：出我入我，不可不懼也。

范望曰：一則以喜，何可不懼也。

葉子奇曰：作事謀始，不可不戒。

陳本禮曰：《陰符經》曰：火生於木，禍發必克，奸生於國，禍發必滅，此之謂也。

鄭維駒曰：懼以終始，其要無咎，能懼則亦無疾矣。

次四：帶其鉤鞶，錘以玉鐶。

范望曰：四，金也。其於九贊在中而（《大典》作之，是）下，腰之象也。腰中之金，故謂之鉤，鉤無帶不立，帶無鉤不著，相須成體，以自申約束，不失禮節，可以為王臣，故有玉鐶而佩也。

司馬光曰：錘，直偽切。鉤所以綴帶為急也。鞶，革帶也。錘與縋義同，謂以繩有所繫也。玉以象君子之德，環以象周旋無缺也。君子德義可尊，作事可法，容止可觀，進退可度，以臨其民，故曰帶其鉤鞶，錘以玉環，言以禮自約束，周旋無缺也。帶與環皆周之象。

鄭氏曰：鞶，蒲官切，《說文》：大帶也，錘，馳偽切，鎮也，字或從石。

葉子奇曰：四為福之始，祿之下，又在陰家，當晝而喜，故其服飾之盛，而有鉤鞶玉環之美也。

陳本禮曰：金，晝。錘音垂。

鄭維駒曰：乾為金玉為圜，《玄數》金類為環佩。復得乾初陽，其象淺薄，人身之服用圜而淺薄者，鞶與環也。帶之錘之，用自約束以復於禮也。《玄》以四為要，帶佩在要，故云鉤鞶玉環。

鈴木由次郎曰：十二月二十八日，晝，牛七度。金。鉤，綴帶者。鞶，革帶。錘，以繩繫之。帶、環，寓有首名「周」之意。綴帶之鉤與革帶繫於身，玉輪繫於腰，以禮修身，身體動作無不正。

文字校正：周首次四：「帶其鉤鞶，錘以玉鐶」，范本、嘉本、備本皆作「鐶」，《道藏》本作「環」，按：當依《道藏》本作「環」。鐶、環二字，非一

字異體，不可混用。《文選・曹子建樂府美女詩》：「皓腕約金鐶」，李注：「鐶，釧也」。《說文》玉部：「環，璧也。肉好若一謂之環」，是其證。《太玄》正文亦以玉環連文，可證當作從玉之「環」。以文意言，亦可明之。古人束帶於腰，其上佩以玉環，以為佩飾，又以為行步之節。《後漢書・張衡傳》注：「環琨並玉佩也」，《方言》五：「所以佩帶，宋魏陳楚江淮之間或謂之環」。《禮記・經解》：「行步則有環佩之聲」，鄭注：「環佩，佩環，佩玉也，所以為行節」。《太玄》此贊辭曰：「帶其鉤鞶，錘以玉環」，測辭曰：「帶其鉤鞶，自約束也」，即取此束帶佩環以為禮節之意，故曰「自約束也」，言以禮節為約束也。又，帶與環皆有周旋環繞之義，故周首用為喻也。「鐶」與「環」，形音近易訛。《詩・盧令》：「盧重環」，《白帖》九十八引作「盧重鐶」，是互誤之例。《道藏》本作「環」是，范本、嘉本、《備要》本則皆訛矣。嘉本《集注》猶有二處作「環」，是訛之未盡者，亦可證司馬光《集注》本原無訛誤矣。

　　錘與綻義同，周首次四：「錘以玉環」，《備要》本《集注》曰：「錘與綻義同」。《道藏》本「綻」作「縋」，嘉本作「綻」。按：當從《道藏》本作「縋」。嘉本作「綻」，誤，《備要》本作「綻」，亦誤。《集注》曰：「謂以有繩所系也」。《說文》：「縋，以繩有所縣也。《春秋傳》曰：『夜縋納師』，從系，追聲。」《左傳》僖公三十年：「夜縋而出」，杜注：「縋，縣而下」。《後漢書・張衡傳》注：「縋，縣繩於城而下也。」《一切經音義》十六引《通俗文》三：「縣鎮（疑當作城）曰縋」。據此可知《集注》所謂以繩有所繫也，當謂「縋」字也。綻，解也，《禮記・內則》：「衣裳綻裂」，鄭注：「綻猶解也」。《釋文》：「字或作袒」。《後漢書・崔寔傳》注引作「袒」，是「綻」字與以繩有所繫也之義毫無干係。綻，字書無之，然則作「綻」作「綻」皆誤也。

測曰：帶其鉤鞶，自約束也。

　　范望曰：約束其身，不失於禮法也。

　　葉子奇曰：服以檢身。

次五：土中其廬，設于金輿，厥戒渝。

　　范望曰：渝，變也。《易》曰：君子得車（《大典》作輿，義同），尚可載也，五以中和之德而處金輿之位，出命行令，以御下臣。言戒渝者，安不忘危，故自戒無變周也。

　　司馬光曰：土中其廬，居得中也。設其金輿，所乘安也。夫廬非不美也，

興非不堅也，然小人必不能久居而行之，故曰厥戒渝。孔子曰：中庸之為德也，其至矣乎，民鮮能久矣。又曰：人皆曰予知，擇乎中庸而莫能期月守也。土中其廬，周之象也。

鄭氏曰：王涯說：廬者小舍，土中者正位也，小人而居正位，乘君子之器，禍其至焉，故下言厥戒渝也。

葉子奇曰：渝，變也。五為土，屬中，在君之位，故有廬有金輿之設。以其居貴盛之極，故當戒其變也。

陳本禮曰：土，夜。渝，變也。五值火世，有火以生之，故能中其廬以居，土生金，故能有金輿以御。廬非不安，輿非不美，然小人無德以堪之，況火性不長，土金易盡，小人在上位，福崇則驕，久樂必淫，故戒厥渝也。

鄭維駒曰：剝之廬，未盡於上而復之，廬已其於下，五為土為宮，故曰土中其廬。坤為輿，乾初以金飾之，故為金輿。五以中作主，安敦之仁，人所歸也。粹精之德，民所載也。渝則失中，故以為戒。

鈴木由次郎曰：十二月二十八日，夜。土。渝，變。其家在土地之中央，又有豪華金車，戒其行不可變。有安穩之家及好車，若無德亦不能久保之。

文字校考：范注本周首次五：「土中其廬，設于金輿，厥戒渝」。《集注》本「於」作「其」，《道藏》本「輿」作「與」。按：當作其、輿。王涯《說玄·立例》二引此贊辭曰：「土中其廬，設其輿」，正作其、輿，《集注》於此二字並無校語記其異同，是光所見各本均作其、輿也。此王涯本作其、輿，可證。其，當指五，五為中，又為天子，天子居中，又乘金輿，故曰「土中其廬，設其金輿」。司馬光謂：設其金輿，所乘安也」，又曰：「輿非不堅也」，《道藏》本、嘉本皆作「與」，是《道藏》本注文尚未訛也。又言「所乘」，此皆可證正文原當作「輿」。范注亦謂「君子得車，尚可載也」，是各本原皆作「輿」，故《集注》無異文記載。此贊辭意謂廬居於土中（五為土，又為九贊之中），復設有金輿，是居得中正而所乘堅美之象。《玄數》：「五五為土，為輿」，亦可知當作「輿」。

測曰：廬金戒渝，小人不克也。

范望曰：安不忘危，不為小人所勝也。克，勝也。

葉子奇曰：小人在上，福崇則驕，久樂必淫。

鄭維駒曰：君子得輿，小人剝廬，剝，上九詞也。廬與輿皆當屬之君子，小人有渝，故不克也。

文字校考：周首次五測辭曰：「盧金戒渝，小人不克也。」范注：「克，勝也」。又曰：「安不忘危，不為小人所勝也」。范氏以為五居中位，若能安不忘危，戒慎其行，不生渝變，則小人不能勝之也。是以五為君子，又以五贊之事之體也。按：范說非是。此小人當謂五也，《太玄》通例，陽首陰贊，陰首陽贊，則其贊為小人。陽首陽贊，陰首陰贊，則其贊為君子。當夜則辭咎，當晝則辭休。周首次五，乃陰首陽贊，故為小人，又當夜，故其辭當咎。范氏不察此例，而誤訓克為勝。此「克」字當訓能，周次五贊辭曰：「土中其盧，設其金輿」，似為休辭，王涯《說玄》所謂「居土之中，乘君之乘，吉之大者是也」。土中、金輿，本為美辭吉位，然時當夜，為陰中陽位，則居之乘之者非君子，而為小人也。《玄文》：「小人在玄則邪，在福則驕，在禍則窮，故小人得位則橫，失位則喪」，然則小人無德而居正位，又乘君子之器，則禍將至焉。不能以中貞之德居之，故曰「不能」也，謂不能久也。故其辭似休而實咎。王涯曰：「其有察辭似美而推例則乖者」，即以此贊為例。又曰：「而考於其例當夜，理則當凶，故下云厥戒渝也」，其說是。范氏不察辭例之別，而誤解為吉辭，則與《太玄》原意全反矣。

次六：信周其誠，上通于天。

范望曰：亨，通也。六為宗廟，君之所奉，聖君奉神，唯信唯誠，故其肅敬通于天也。

司馬光曰：王曰：《玄》經之例，以五為陽數，又居中位，故為陽首之主。六為陰數，又居盛極，故為陰首之主。光謂：反復其信，皆出至誠，非由浮飾，故可以上通于天也。

葉子奇曰：確然以實之謂信，自然真實之謂誠。信，人道也。誠，天道也。人能確然以實，馴而周復，其自然之誠，故可以上通于天也。以其當晝，居福之隆，故能盡善之如此也。

陳本禮曰：水，晝。六為陰首之主，在地為臣，在天為斗，每逢建子，上與日合，一歲一周，不紊其度，不爽其期，所謂信周其誠也。子為陽水，六為陰水，二水會合，同營天心，故曰上通於天也。日星配合運行無窮，所以為周之義也。

鈴木由次郎曰：十二月二十九日，晝。牛八度。水。一年季節之消長，信實運行而無窮，法度不紊，不違期限。上可通天。

文字校考：范注本周首次六：「信周其誠，上通於天」。《集注》本「通」

作「亨」。按：當從《集注》本作「亨」。范注：「亨，通也」，據此可知范本經文原作「亨」，故於注中訓釋「亨」字之義。又，測辭曰：「信周其誠，上通也」，則用「通」字，正與贊辭「亨」字互文見義。《集注》於此贊辭並無校語以言諸本異同，是宋時范本猶作「亨」而未誤。萬玉堂本訛作「通」者，當為後之抄寫者涉測辭「上通」之語而誤。盧校：「當作『亨』，注云：『亨，通也』」，此說是。

測曰：信周其誠，上通也。

范望曰：奉神以信，故上通也。

次七：豐淫見其朋，還于蒙，不克從。

范望曰：朋謂二也，二七合於南，見其明〔註14〕〔朋〕，故知為二也。七火之王，家性為火，明〔朋〕合故曰豐淫，言淫衍也。而在周家，周而復始，故曰還也。蒙者蒙蒙，二火明〔朋〕合，未知所正，故無所克而從之也。

胡次和曰：膠言錄，富而淫於貨財聲色者，見其黨類，利心一動，歸於蒙闇，故不能相從而一也。

葉子奇曰：豐，大也。六在禍始，居陰之夜，是福已太過，不勝其侈，故為豐淫。七與二合，二得中樞，乃其良朋，以其豐大于淫，復還于蒙頑不能從也。

陳本禮曰：火，於。豐，大，淫，溢也。七以陰邪而在禍始，是質本昏暗，不明藉家性之火，以豐淫自侈，不自知其為妄也。朋謂二，乃其良朋，不能改過自新，從良朋之所為，故依然還於蒙昧也。

孫澍曰：淫，侈也，不度也。《孟子》：富歲子弟多賴，《左傳》：伯友怵也。見於朋，漢之許史金張五侯外戚，車如流水，馬如游龍，晉之王愷與石崇鬥富之類是也。蒙，侗昧貌。豐淫之人鮮不及禍，利令知昏也。不克從，《洪範》所謂龜筮共違於人也。七為禍始，朋淫如是，非君子之周矣，何從之有。

鄭維駒曰：積陰故豐淫，坤為迷，故蒙，始見而終迷，故還於蒙。兌為朋，既出於震，當成二陰之朋，而復入於坤，坤為歸藏，故自七而上，皆以還言之。

鈴木由次郎曰：十二月二十九日，夜。火。豐，大。淫，淫亂。大而淫，又自驕，雖遇良友，而不改過，則依然蒙昧，不能從其良友。

〔註14〕此段「見其明」及其下兩處「明合」之「明」，盧校以為皆為「朋」字之譌。

文字校考：周首次七：「豐淫見其朋，還于蒙，不克從」。范本、嘉本、《備要》本皆作「見其朋」，《道藏》本無「其」字。盧校：「司馬作『元』（按：『元』當作『無』，『作』字衍。司馬即司馬光《集注》本，盧氏所見司馬本當即《道藏》本。《道藏》本僅有前六卷，盧校後四卷中無言司馬者，以此知之），又，《道藏》本脫「其」字，當從范、嘉本作「見其朋」。范注：「朋謂二也，二七合于南，見其明（此『明』當作『朋』，下文兩言『明合』，二『明』字皆當作『朋』，字之訛也。正文作『朋』，注文亦言『朋』謂二，且與『合』字連文，皆可證。又《玄圖》：「一與六共宗，二與七共朋，三與八成友」，『朋』亦訛『明』，盧校俱謂當作『朋』，是盧氏所見本皆作『朋』也，亦可證。）據范注所言，則范氏所見本亦作「其朋」也（《集注》此贊闕注）。其指七，朋謂二，二七為火，二火為朋相合，故豐淫也，意正與《玄圖》所謂「二與七共朋」相合。《道藏》本無「其」字，乃涉測辭「豐淫見明」而脫。不知測辭引贊辭，為文句整齊故，常有省文，並非句句皆為贊辭原文，故不可盡據。

測曰：豐淫見朋，不能從也。

范望曰：蒙蒙未除，故不能從也。

鄭維駒曰：陰以陽為朋，故月初三出庚，上弦見丁，為西南得朋，至坤藏乙，則還於蒙。震陽在下，七為夜，人雖見之，而不能從也。兌見丁，丁為火，故於七言之。

次八：還遇躬外，其禍不大。

范望曰：躬，身也。八為禍中，故言禍也。雖則遇禍，不入於身，故不大也。在禍之中，藏不入己，為眾所明〔當作朋〕也。

司馬光曰：范本過作遇，今從二宋、陸、王本。

葉子奇曰：八雖居禍，以其得中，雖還而遇禍，而罪不在己，故曰躬外也。然其非己所致其禍，又豈得而大哉。

陳本禮曰：木，晝。八以敗木而值火世，是身之被焚久矣，今還而遇火，火雖烈，固在身外，不害厥躬，故其禍不大也。

孫澍曰：還，旋也。過，遇也。躬外謂居其位不任其責，故禍遇其身。一時不大，八位當周季，戎首兆矣。時事棘矣，而蔑視君國之難，泄泄沓沓，作局外逍遙計，故曰禍不中也。

鄭維駒曰：次八數陰而時陽，遇陰者境，見陽者心，禍不由心生，何大之有，故天下莫大於心。禍禍在躬外，則君子不患矣。坤為躬。

鈴木由次郎曰：十二月三十日，晝，女一度，木。還而遇於禍，在於身外，其禍不大。禍不害於身。

文字校考：周首次八：「還過躬外，其禍不大」。《集注》本作「過」，范注本作「遇」，按：當從范本作「遇」，作「過」者，形訛也。《集注》本從二宋、陸、王本作「過」，而其注文闕，不知其緣何作「過」。范注：「雖則遇禍，不入於身，故不大也」。所謂「遇禍」，即據贊辭「遇」字「禍」字而言，是當作「遇」也。「還遇」之「還」，周首次七：「還于蒙」，上九：「還於喪之還」，據范注，皆謂周而復始曰還，是為周還復還之意。次八意謂周還至八，身處禍中之位（七為禍始，八為禍中，九為禍極），雖身遇禍難，而能善自為之，則其禍不得入身為災，故曰其禍不大。周首為陰首，次八為陰贊，陰中之陰，時又當晝，按《太玄》辭例，其辭休，故而雖遇禍而其禍不大。贊辭之「遇」，承「還」字之義，又與「其禍」二字相應，使全贊之意貫通。若作「過」，則「過禍」不通，亦有礙於全贊之辭意。此可證當作「遇」。「過」與「遇」二字形近，故易互訛，二字聲遠，義不可通。《列子·天瑞》：「過東郭先生問焉」，《釋文》：「『過』一作『遇』，此當作『過』，而或作『遇』者，形訛也」。《列子·說符》：「君遇而遺先生食」，《釋文》：「『遇』，一本作『過』，此『遇』訛『過』之例。《莊子·讓王》：「君過而遺先生食」，《釋文》：「『過』，本作『遇』」。據《列子·說符》當作「遇」，是《莊子》訛為「過」，《莊子·漁父》：「今者邱得過也」，《釋文》：「『過』，本作『遇』」，此皆二字互訛之例。

測曰：還遇躬外，禍不中也。

范望曰：非己之藏，故不中也。

章詧本作禍不中小也。

葉子奇曰：天道禍淫，不加中正也。

上九：還于喪，或棄之行。

范望曰：九為金而在火家，為火所爍，故言喪也。亦在秋位，萬物所終，還而遇喪，非家禍，故或棄之行也。

司馬光曰：生極則反乎死，盛極則反乎衰，治極則反乎亂。九處周之極，逢禍之窮〔則反乎窮〕，當日之夜，故曰還于喪。夫國家將興，則人歸之，將亡，則人去之，故曰或棄之行。

葉子奇曰：九為禍極，故還于喪，終窮而眾不從，故或棄之行也。

陳本禮曰：金，夜。九盡數窮，還於喪者，中之上九下遇周火，故被刑克，

周之上九，既值火世，又下遇礥木，木能生火，金亦受克，是還而仍遇喪也。或棄之行者，君子處禍亂之世，遭重喪之阨，道既不行，惟有棄之他往，或可免焚克之害也。

鄭維駒曰：坤為喪，行，戎行也。此復上六用行師，終有大敗也。

鈴木由次郎曰：十二月三十日，夜，金。我道困窮而不行，棄此而他行，則或能免害。

測曰：還于喪，其道窮也。

范望曰：還而遇喪，故道窮也。

礥

☷ 礥：陽氣微動，動而礥礥，物生之難也。

范望曰：一方一州一部三家。天玄，陽家，三木，下上，象屯卦。行屬於木，謂之礥者，礥，難也，冬至之節，陽氣微動生萬物，礥而難也，故謂之礥。礥之初一，日入女宿二度也。

章詧曰：礥，冬至後十日也。陽雖動而力微，萬物向生艱於出地。礥者艱之義。

司馬光曰：一方一州一部三家。礥，下珍切，又音賢。陽家，木，準屯。宋曰：礥，難也。光謂：物之初基，必有艱難，唯君子能濟之。礥礥，難貌。

鄭氏曰：礥，舊下研切，艱難也。又下珍切，硬也。硬與艱險皆難之義。

林希逸曰：準屯，礥，難也。

陳仁子曰：礥，難也。陽之初生，至微而甚難，非若陰生之易也。君子崇陽而抑陰，於陽氣方復則惜其難長。《易》曰：出入無疾是也。於陰氣方壯則畏其易盛，《易》曰：勿用取女是也。故易於復之辭，則致嚴於出入無疾，而《玄》於周首之後，繼以礥閑，其崇養微陽至矣。

葉子奇曰：礥，下研切。陽氣反始而漸微動，尚屯難也。礥之初一，日入女宿二度。

陳本禮曰：礥音賢。陽家，三，木，下上，卦準屯。傳：天三生木，是時陽氣雖回，陰寒正屬，木之抱根負陽而生者，動即遇礥，礥者艱險也。以微微之力欲拔難濟世救人於險，其可得乎。夫物生之難也固天道使然，要亦時逢百六，阨丁陽九，君子蒿目時艱，亦惟守時待運聽天由命而已矣。

孫澍曰：注曰：礥准屯，剛柔始交，《太玄》以茂育德果行。

鄭維駒曰：以兩首準一卦者，陽家一首，其首之字音多輕清，陰家一首之字音多重濁，後倣此。

鈴木由次郎曰：第三首，陽，三木，一方一州一部三家。礥，艱難。陽氣微動，冬寒猶嚴，受陽而生之草木遇於艱難。正是萬物生動困難之時。

文字校考：礥首首辭：「陽氣微動，動而礥礥，物生之難也」。嘉慶本、《備要》本、萬玉堂本「難」字下有「也」字，《道藏》本無。此「也」字衍文，當從《道藏》本。《太玄》八十一首，各首皆有首辭，通觀其文，句尾皆無用「也」字者，楊雄草《玄》之時，以八十一首首辭合為一篇，名曰《玄首》，不可能每句句尾都作也，否則全篇行文即嫌繁復累贅。晉范望為《太玄》作注時，作了文字上的處理，即他所說的「並首一卷，本經之上」，將各首首辭分散到八十一首九贊之前，但文句不改，仍其舊，是以各首首辭仍無以「也」字結句者。而此礥首首辭獨以「也」字結尾，必非《太玄》原文可知。各本皆衍「也」字，唯《道藏》本是。

初一：黃純于潛，不見其畛，藏鬱于泉。

范望曰：畛，根〔當為垠〕也。鬱，化也。此言十一月之時，陽氣潛在地下，養萬物之根荄在黃泉之下，不見其根〔垠〕鄂也。

司馬光曰：畛音真。嘖與賾同，士革切。陸曰：嘖，隱也。光謂：嘖，幽深難見者也。一非中位而云黃者，陽氣未見，猶在地中也。家性為礥，一為思始，始有拔難之心者也。陽氣潛於地中，純粹廣大，藏鬱於泉，以化育萬物，而人莫見其畛界也。猶君子有拔難之心，精純幽遠，利澤將施於天下，而人未之知者也。

鄭氏曰：畛，舊諸引切，又諸鄰切，千夫之道也，界也。按注以根鄂為說，特取界域之義，平聲，葉韻。鬱，紆勿切。注云：鬱化精也，垠，魚斤切，地垎也。鄂，本作塄，五各切，古字通用。荄，歌哀切，木曰根，草曰荄。嘖，舊音賾，又音責，情也，至也。按測注訓情，《左傳》嘖有煩言，杜預訓至。含其情者，責則吐之，將索其至，是以知此訓情，則音賾，取其含蓄之意。訓至則音責，取其誅求之意。舊引《說文》而音賾者，訓呼，音責，訓鳴，訓釋既異，何用引之。

葉子奇曰：畛，域也。藏伏而未出，鬱積而未伸也。言黃鍾之氣純潔而潛伏，不見其畛域，尚伏而未出，積而未伸，於淵泉之下也。《梡（當作捝）》云贊辭或以氣言之，此類是也。

陳本禮曰：水，晝。世祖生於哀帝建平元年，至莽居攝稱尊，年始十一歲，故曰藏鬱於泉。

鄭維駒曰：屯，內卦，屬十一月中氣，陽氣猶潛於黃鍾之宮，初為水，生氣不見，故藏鬱於泉。

鈴木由次郎曰：十二月三十一日，晝，女二度。水。黃，中之色，指陽氣。畛，疆界。陽氣猶潛於地中，而純粹廣大，而人未可見其畛界。此因陽氣仍鬱結於黃泉之下，但其化育則在深處運行。

文字校考：礥首初一：「黃純於潛，不見其畛，藏鬱于泉」，范注：「畛，根也」。又曰：「養萬物之根荄在黃泉之下，不見其根鄂也」。又曰：「不見其根」。范氏訓畛為根，於義不妥。范本《釋文》：「畛，千夫之道也，界也」。司馬光《集注》：「化育萬物，而人莫見其畛界也」。則訓畛為界，此說可從。《說文》：「畛，井田間陌也。」田中陌路，劃分田土，故有疆界之義。《太玄》「畛」字六見，如達首次六：「大達無畛」，瞢首初一：「不覩其畛」（范本作「畛」，今據《集注》本改），《玄攡》：「而冥其畛」，《玄文》：「天炫炫出於無畛」，《玄圖》：「日月畛營」，范注均曰：「畛，界也（據此可知范本作「畛」是形訛）」。宋衷注《太玄》亦訓畛為界，見《文選・東京賦》注引《太玄》宋注，而此處獨訓畛為根，甚為可疑。盧文弨《太玄校正》以為范注「畛為根」，疑「根」當作「垠」，其下「根荄」及「不見其根」二「根」字並當作「垠」。他據《後漢書・班彪傳》的李注：「垠，界也」，《說文》：「垠，地垠也」，以為地垠亦即地之界限。又，畛亦訓界，故畛、垠、界三字可輾轉為訓。鄂也可訓垠，《漢書・楊雄傳》上《集注》：「鄂，垠也」，《文選・甘泉賦》：「紛披麗其亡鄂」，《景福殿賦》：「蕭垠鄂之鏘鏘」，李注皆言鄂謂垠鄂，故范注以垠鄂連言之，可知范注「畛，根也」及「不見其根鄂也」、「不見其根」，此三「根」字並當作「垠」，作「根」者乃形近之誤。唯「萬物之根荄」之「根」字實當作「根」，而非「垠」字之誤。《說文》：「荄，草根也」。《爾雅・釋草》、《方言》三、《廣雅・釋言》皆謂「荄，根也」。《太玄》親首：「還自荄也」，范注亦謂：「荄，根也」，是根、荄乃同義而連文，與上文「垠」誤為「根」者非一事。又，上三「垠」誤「根」者，或涉此「根荄」字而誤。盧校於此「根鄂」之「根荄」之義察之未詳，以為皆當作「垠」，此又盧氏之小誤。「養萬物之根荄在黃泉之下」者，乃范氏釋解正文「藏鬱於泉」之意，與「不見其畛」句無涉，一言界限，一言根荄，抄者涉此「根荄」而誤「垠」為「根」，遂使范注原貌全失矣。

測曰：黃純于潛，化在賾也。

范望曰：賾，情也。不見其根，故化田（盧校以為當作由）其情也。

葉子奇曰：賾，侯芭云情也，言其由中出也。

陳本禮曰：賾者密議也。當艱險之世，機事不便明言，於賾室中密議之。考世祖生於白水鄉，故曰藏鬱於泉。《天文讖記》曰：星孛掃宮室，劉氏當復興。宛人李守善星曆，嘗謂其子通曰：劉氏復起，李氏為輔。會秀賣穀於宛，遂與賾室定議，恢復漢室，故曰化在賾也。

文字校考：礥首初一測辭：「黃純於潛，化在賾也」，范注：「賾，情也」。《玄瑩》：「陰陽所以抽賾也」，范注亦曰：「賾，情也」。賾之訓情，古籍中罕見，唯《易・繫辭》：「聖人有以見天下之賾」，京房注：「賾，情也」一例。范於此訓賾為情，或即本於此。然其訓情於此實非，不可從。《集注》：「賾與賾同，幽深難見者也」。陸績曰：「賾，隱也」。陸說是。賾、賾形音皆近，古皆屬莊母字，故可通。《荀子・正名》：「賾然而不類」，楊注：「賾與賾同」。《易・繫辭》：「聖人有以見天下之賾」，《釋文》：「京房作『賾』」，是其例也。漢碑多以「賾」為「賾」，如《督郵斑碑》：「賾意」，《范式碑》：「探賾研機」，《張平子碑》：「有極深探賾之思」，皆是其例。《集韻》：「賾，通作賾」，亦可證。賾，深也，幽深也，見《小爾雅・廣詁》以及《漢書・律曆志》上：「探賾索隱」，師古注、《後漢書・崔駰傳》、《方術傳》、《順帝紀》、《班彪傳》注、《左傳》定公四年傳：「賾有煩言」孔疏、《易・繫辭》：「見天下之賾」、「探賾索隱」孔疏，均作此解。司馬光謂賾為幽深難見者也，當即據此而言。「化在賾也」，意謂萬物之初，其萌生發動之變化，皆在幽微之中，難以覺察之，此正與贊辭「藏鬱於泉」相應。若依范注訓賾為情，則與此贊文意不合。《玄瑩》之「賾」，亦當讀作「賾」，訓為幽微。

次二：黃不純，屈于根。

范望曰：二在三下，木下有火，故相〔根〕屈也。不純者，火色黃（大典有白字，可從），故曰不純也。《易》賁卦曰：山下有火，黃白色也。

司馬光曰：小宋本適作道，今從諸家。二為思中而當夜，故曰黃不純。陽氣不純，則萬物失其性，屈于根而不能生。小人妄慮，則萬事失其適，墮其功而不能成。

林希逸曰：黃，中也。立中道於此，則萬善由之而生，為中不純，則善根屈絕矣，何以適中乎。

葉子奇曰：黃，中色，二在中，宜其得中。以其在夜為陰，故中而不純，則雜矣。是以屈于根而不復伸也。

陳本禮曰：火，夜。黃不純，臣逆節也。二屬火，在木世，以臣克君，是本根先屈，枝葉何由得伸乎。

鄭維駒曰：《易》以坤為黃，《玄》以陽在地中者為黃，蓋黃鍾之宮一陽始生，故謂陽為黃。次二時數皆陰，是陽始生而其根不伸也。

鈴木由次郎曰：十二月三十一日，夜，火。陽氣已不純粹，萬物失其性，屈伏於根而不得上伸。事不可成。

測曰：黃不純，失中適也。

范望曰：不純，故不適也。

陳本禮曰：適同嫡，莽非劉氏嫡嗣，而妄據天位，故曰失中適也。

鄭維駒曰：陽在中而不得其適也，即《詩》適我願兮之適。

次三：赤子扶扶，元貞有終。

范望曰：元，始也。扶扶，幼小之貌也。人之幼小，可成可敗〔未成可砭〕，故當正之於始也。家性為木，三亦為木，以本扶本〔當作木〕，故有終也。

司馬光曰：范本詹作瞻，今從二宋、陸、王本。詹、瞻古字通用。扶扶，扳援依慕之貌。元，善之長也。三為成意而當晝，象君子將行其志，拔難濟民，民皆瞻仰而歸之，非有元貞之德，則不能成茲大功，故曰元貞有終。

葉子奇曰：扶扶，幼少之貌。元，大，貞，正也。礥在生物之初，如赤子之扶扶然，三當成意之時，養得其大正，則有終也。《易》曰：蒙以養正聖功也，此之謂也。

陳本禮曰：木，晝。赤子，稚木也。扶扶，望有力者扳之也。是時天下荒亂，民皆思漢，三以木扶木，必具有元貞之德，方可以拯天下之難而定其亂也。

鈴木由次郎曰：一月一日，晝，女三度，元日。木。扶扶，慕懷也，幼少之意。赤子慕懷，亦可成，亦可坏，故若始以正扶，則可成其終。

測曰：赤子扶扶，父母瞻也。

范望曰：幼教長正，父母之所瞻視者也。

葉子奇曰：言視效于父母也。

陳本禮曰：瞻，望也。父母孔邇之思也。

　　鄭維駒曰：赤子須父母瞻顧，若生之難矣，然赤子不以扶扶為難，父母亦不以瞻顧為難，皆動於性之自然也。

　　文字校考：礥首次三測辭：「赤子扶扶，父母詹也」。《集注》本作「詹」，范注本作「瞻」，《集注》曰：「范本『詹』作『瞻』，今從二宋、陸、王本。」又曰：「民皆瞻仰而歸之」。既作「詹」，又言「瞻仰」，相互矛盾。此當依范本作「瞻」。《集注》曰：「詹、瞻古字通用」，是，如《莊子・讓王》：「瞻子」，《釋文》：「《淮南》作『詹』」，《左》莊十七年傳：「齊人執鄭詹」，《公羊》作「瞻」，是二字互通之例。然詹、瞻二字雖可通假，亦各有本字假字之分，義即有別，不可視為一字。《說文》：「詹，多言也，瞻，臨視也」。據《太玄》此處文意，當以作「瞻」為本字，「詹」為假字，故知當以作「瞻」為是。瞻之臨視，謂自上視下也。《太玄》此贊、測辭皆言赤子、父母，父母為上，赤子為下，據「瞻」之本義，當即父母瞻視赤子之意也。范注：「幼教長正，父母之所瞻視者也」。其說得之。《集注》本作「詹」，又讀作「瞻仰」之「瞻」，則謂赤子瞻仰父母也，意正相反，知其非也。贊辭：「赤子扶扶，元貞有終」，此謂赤子元貞有終也。所以然者，父母瞻視教養之功也。可證測辭「父母瞻也」，當讀為父母瞻視赤子，而非赤子瞻仰父母也。此亦可證范注是而《集注》非。

　　礥首次三：「赤子扶扶，元貞有終」。范注：「扶扶，幼小之貌也」。范說無據，不可從。《集注》：「扶扶，扳援依慕之意」，此說是。扶，附也，援也，攀也，《漢書・天文志》《集注》引晉灼：「扶，附也」，此以音訓也。《國語・晉語》：「侏儒扶戶」，韋注：「扶，援也」。《淮南・原道》：「扶搖抮抱羊角而上」，高注：「扶，攀也」。然則「扶扶」者，謂攀援依附也，故可訓為扳援依慕之意，蓋謂赤子扳援依慕長者之人（父母即長者）。赤子扳援長者，得長者教養瞻視，故能元貞有終，此亦正與測辭「父母瞻也」之語相貫通，相符合。元貞之元，《集注》訓為善之長，不如范注訓始更合此處原意。「元貞」出自《周易・乾卦》「元亨利貞」，《子夏易傳》：「元，始也」，《爾雅・釋詁》：「初、哉、首……元……，始也」，可知元訓始為古代通常之訓，而《集注》所謂「元者善之長」，則取自《周易・乾卦・文言傳》，乃元之引申義，非原始義，故不如用訓始之義。赤子者，人之初始也，此時尚無「善之長」之事，人生初始之赤子，唯賴父母長者瞻視教養之，故能貞正而無邪念，遂得有終，謂終有所成也。元之訓始，正與有終之「終」相應，此亦可證之。

次四：拔我不德，以力不克。

范望曰：金者乾乾強健，故為力。礥難之世，萬民勞悴，四處臣位，拔之不以德，恃其強力，故不克也。

司馬光曰：小宋本作匪德，今從諸家。四當夜，小人也，而逢時之福，無德而以力取勝者也。終當覆敗，烏能濟眾哉。

鄭氏曰：拔我，我謂民也。

葉子奇曰：人之自進，當以德義，苟惟以力取進，則不能進也必矣。四以陰暗，故取進非其道也。

陳本禮曰：金，夜。我，木自謂也。四以金之堅剛，固可以拔我於難世矣。然拔我之人即屬克我之人，故曰不德。人既不德，焉能用力拔我也。

鄭維駒曰：屯互艮為手，故云拔。

鈴木由次郎曰：一月一日，夜，金。能救我於艱難者，不用其德，只恃其力，必敗。

測曰：拔我德，力不堪也。

范望曰：以力濟世，非所堪也。

陳本禮曰：時安眾侯劉崇及東郡太守翟義起兵討莽，皆不克，死之，故曰力不堪也。

文字校考：礥首次四測辭：「拔我德，力不堪也」。《集注》本「我」下有「不」字，范本同，小宋本「不」作「匪」。此處當從《集注》本作「拔我不德」，以贊辭為：「拔我不德，以力不克」，測辭概引贊辭，雖有省略，意不當相反，「拔我不德」與「拔我德」，意正相反，測辭引贊辭，必不如此，故知《集注》本作「不德」是。范本贊辭猶作「不德」，測辭則脫「不」字，脫一「不」字，意即相反，測辭與贊辭不相合，知范本脫字。又《太玄》通用「不」，罕用「匪」，是小宋本作「匪」亦非是，且與贊辭不合。盧校據《集注》本，言范注舊本脫「不」字，其說是。《道藏》本作「力不堪」，脫「也」字，亦當據嘉慶《集注》本及范注本補之。

次五：拔車山淵，宜於大人。

范望曰：家性為礥，土而為礥難，山淵象也。車在其中，唯大人而〔耐〕拔之。五為天子，故稱大人。民溺於世，唯大位〔當為人〕而〔義為能〕濟之也。

司馬光曰：王曰：或山或淵，道之險者。五為一首之主，而又得位當晝，體正居中，有大人之德，拔車以出于險，則為萬物之所利見，故宜于大人。光謂：車者民所載也。五，福之盛也，而又當晝，大人之得位者也，故可以載民於險阻矣。

鄭氏曰：耐，古能字，注云：唯大人耐拔之，或作而者，字訛缺也。范注能皆作耐，其作能者，乃後人所改也。

葉子奇曰：車，君子所乘以行者也。五得位當陽，德力俱備之大人也，故能以所乘行，登山涉淵，無所不可，宜其能有濟於屯礥之世。

陳本禮曰：土，晝。王曰：山淵皆道之險者，五得位當晝，體正居中，有大人之德，故能拔車出險，為萬物之所利見，故宜於大人也。

俞樾曰：拔車山淵。樾謹按：山疑出字之誤，言拔其車而出之於淵也。范望注雖亦有山字，然曰民溺於世，惟大位能濟之也，則其所據本必作拔車出淵，若作山淵，則淵可言溺，山不可言溺也。注中山字或後人竄入，非其舊耳。次六測曰將車入虛，道不得也，拔車出淵，與將車入虛文正相對。

鄭維駒曰：屯互坤為大輿，互艮為山，坎在山上，故云山淵。大輿在下，艮手拔之，非濟險之大人，其孰能與於斯。

鈴木由次郎曰：一月二日，晝。女四度。土。車陷山淵危險之地，惟有德者始能救出。

文字校考：礥首次五：「拔車山淵，宜於大人」，次六：「將其車，入於丘虛」。俞樾《諸子平議》以為「山淵」當作「出淵」，「丘」字衍文，其說是。然意有未盡。「出淵」與「拔車」之「拔」字相應，車行於山，雖艱險而不必拔也。車入于淵，為車之顛覆，故待大力者拔之。拔而出之，故曰「出淵」。據此「拔」字，亦可證當作「出淵」，不可作「山淵」。此俞氏所未及。又，俞氏以為「拔車出淵」與次六贊辭測辭「將車入虛」相對為文，句例一律，此有不當。次六測辭乃次六贊辭之省文，非贊辭原文，並不與次五贊辭之句相對。且《太玄》原次，贊辭自為一篇，測辭自為一篇，首辭自為一篇，並未合一，自晉范望注《玄》，始「並首一卷，本經之上，散測一卷，注文之中」，然則贊測之辭無由相對也。次五贊辭「拔車出淵」，與次六贊辭「將車入於虛」，次七贊辭「出險登丘」，文意相對。出、入、登三字相對，淵、虛、丘三字相對，「拔車」則與次四贊辭「拔我不德」及次八贊辭「車不拔」相對。

以此證次五贊辭當作「出」，不作「山」，次六贊辭當作「虛」，不作「丘虛」可也。「出」訛「山」者，形近字壞故也。衍「丘」字者，涉次七贊辭「登丘」之文也。俞氏又曰：「范注云：『臣道不正，猶入虛也』，是可為經文（指《太玄》原書正文）無『丘』字之證。」今萬玉堂本范注「虛」上有「丘」字，盧校：「注猶入邱虛也」，是俞氏所見本與盧氏所見本及萬玉堂本皆不相同，知各本於此文句原有異同，俞氏僅據一本以證經文無「丘」字，似亦不甚可靠，然此為小疵，俞說大體不誤，仍當從之。

測曰：拔車山淵，大位力也。

范望曰：大位謂若周公東征，禹導九河，是其力也。

次六：將其車，入于丘虛。

范望曰：水為險難，將車入險，在於丘墟之中，非所以濟世也。車以喻君，君而隨臣，臣道不正，猶入丘也。

司馬光曰：虛與墟同。六過中而當夜，象雖有濟民之志，而不得其道，則愈陷於難矣。過中者，失其宜適之象也。

葉子奇曰：丘虛，荊棘之地也。六居福之極，已過于中，故所行不得其道，而入于丘虛荊棘之地也。

陳本禮曰：水，夜。虛同墟。此時車雖拔矣，然御之不以其道，又迷而誤入於邱虛荊棘之地，益見屯難之時，無往而非險逆之境也。

俞樾曰：將其車入于丘虛，樾謹按：丘字衍文也，次七出險登丘，或牽之牛，范注曰：火生土，故為丘，彼丘字有注，此丘字無注，知所見本無丘字也。因注云將車入險在於丘虛之中，故後人於經文增入丘字，不知注有丘字以足句耳。其下云車以喻君，君而隨臣，臣道不正，猶入虛也。是可為經文無丘字之証。測曰將車入虛，道不得也，亦無丘字。增次七丘貞，范注亦曰火生土，故言丘可知七有丘象，六無丘象矣。且以義言之，次五曰拔車出淵，次六曰將其車入於虛，次七曰出險登丘，蓋由淵而虛而丘，經文固自有次第也。今出淵誤作山淵，入于虛誤作入于丘虛，全失其義矣。

鈴木由次郎曰：一月二日，夜。水。御車而入荊棘叢生之高地，愈益陷於困難。

測曰：將車入虛，道不得也。

范望曰：言不得君臣之道也。

鄭維駒曰：艮為丘，坤為虛，六為夜人，入丘虛而陷於險，不得震之大塗故也。

次七：出險登丘，或牽之牛。

范望曰：火生土，故為丘。七為絲〔或作系〕繩之所用，故言牽牛。牛，土畜也。出險登丘，為牛所引，猶紂時之民見酷日久，而遇文王拔之於疣，如出險之車登在（丘，盧校以為衍文，《大典》作登在高山）高丘，為牛所引，離於難也。

司馬光曰：范本代作伐，今從諸家。陸曰：引車莫如牛，誰人能代牛者乎。王曰：位既當畫，難又將終，猶有八九，故且登丘陵而未復平途。光謂：丘者難之小者也，牛者物之有力者也。七雖當畫，而涉於禍境，如已出大險而猶有小難者也。夫大險已出，則小難不憂乎不濟也，況或助之牛以牽車乎。如君子既能濟險，而復有賢才助之也。

葉子奇曰：在礧難之世，故險。七為下山，故為丘，以陽剛之才，故能出險登丘，又況或牽之牛而助之哉，其有濟也必矣。

陳本禮曰：火，畫。火生土，故為邱。出險指六，謂才出水險，又遇高邱。高邱小險，固不憂乎不濟，況或助之牛以牽車乎。如君子既能濟險，復有賢才助之也。

鄭維駒曰：出坎之險，登艮之丘，或以艮手牽之牛，陽德健而濟以順也。

鈴木由次郎曰：一月三日，畫，女五度。火。脫離險阻之處，又登高丘，但有牽牛而助之者。

測曰：出險登丘，莫之伐也。

范望曰：比力如牛，非所伐也。

葉子奇曰：離下升高，孰可伐之。代，替代也。莫之代，益見其登邱之難，無有有力者之代挽其牛也。

江紹原曰：本贊或牽之牛，實擬《易》無妄六三無妄之災，或繫之牛，行人之得，邑人之災中的第二句。或繫之牛，邑人繫其牛也（之可訓其，古籍例証甚多）；此牛為行人順手牽去，故云行人「得」，邑人失牛，故云邑人災，且無意中失去，故為無妄之災。《太玄》或牽之牛，亦「或牽去其牛」之意。其人方需要牛駕車，助之「出險登丘」，不料牛竟為人（「或」）牽去，窘可知也。牛，駕車者也，今為人竊去，孰能代之（代牛）哉，故測云莫之代也。《易林》賁之恆曰：「舍車而徒，亡其駁牛。」出險登丘者亡其牛矣，莫

之代矣，不「舍車而徒」（徒行）或自「將」其車（參看礥次六：「將其車，入於丘虛」；《詩・小雅》「無將大車」），得乎？「或牽之牛」，注家釋為「或引之以牛」或「或牽牛與之」，與子雲原意適相反。「代」，范本作「伐」，謬；王維楨解為「伐功」之伐『更謬。礥次七今譯：敵在吾後，丘在吾前，服牛不見泣漣漣。解曰：有車而無牛；爬山「西德龍」，丟汽油。君子曰：「不行！不行！」

　　文字校考：礥首次七測辭：「出險登丘，莫之伐也」。《集注》本「伐」作「代」，范注本作「伐」。此處「伐」字無理，當從《集注》本作「代」，謂取代。次七贊辭：「出險登丘，或牽之牛」，言牛牽車出險登丘。牛之力大，牽車之事，非牛莫屬，故曰「莫之代也」，謂無可代牛者也。陸績曰：「引車莫如牛，誰人能代牛者乎」，即此意也。范注：「比力如牛，非所伐也」，「非所伐」，不辭，此「伐」亦當作「代」。然則范本原亦當作「代」而不誤。代、伐形近易訛，音義甚遠，絕不可通，知其為形訛也。《洪範五行傳》：「時則有下人伐人之痾」，注曰：『「伐」宜為『代』，此「代」訛「伐」之例也。《集注》曰：「范本『代』作『伐』」，是宋時范本已誤為「伐」矣。

次八：車不拔，髀軸折。

　　范望曰：家性礥觀，八有車象，秋木被刑，重自艱難，牛不能引，折髀敗軸，不能濟也。

　　司馬光曰：宋、陸本骭作髀，音義皆闕。范本作髀，小宋云：髀當作輨，丑孝切，車弓也，今從王本，下晏切。王曰：骭，人脛也。無德而將出難，禍又至，故象以人代牛，則引車不拔而骭軸折矣。光謂：八為禍中而又當夜，小人不量其力，不能拔難，覆國喪身者也。

　　鄭氏曰：髀，舊並弭切，股也。又部弭切。按：注云：牛不能引，折髀敗軸，謂牛之髀車之軸皆折而敗也。

　　葉子奇曰：八當礥難之世，居禍敗之時，不能有濟，猶車之不進，拔緣引車之牛髀既折，貫車之轂軸亦折，其何以行之哉。

　　陳本禮曰：木，夜。骭音幹。王曰：骭，人脛也。無德而將車出難，禍又至矣。如以人代牛引車，不拔而骭軸俱折矣。

　　鄭維駒曰：艮為手為止，八陰柔，故止而不拔。坎輿多眚，故軸折。

　　鈴木由次郎曰：骭，人之脛。軸，車軸。車陷險阻之處無法救出，人代替牛而牽之，脛與軸皆折。小人無德，欲救人於險難，結果喪其自身。

文字校考：礥首次八：「車不拔，髀軸折」。《集注》本「髀」作「骭」，宋陸本作「䯊」，小宋作「輚」，范本作「髀」，《釋文》出「髀」字，又曰：「一作『輚』，或作『輗』，一作『軹』」，次八測辭：「車不拔，躬自賊也」。然則贊辭「髀軸」二字一言車，一言身（躬），可知也。「軸」字無異文，則言車之字可無說矣。《釋文》：「輚，軒輚也，輗，車轉貌」。輗，又為車之盛膏器，軹，軹軧也，在車軸上，正輪之祕齒前卻也（《釋名・釋車》），此數字皆與車有關，而與身躬無涉，知《太玄》原文必不用此數字也。骭，王涯曰：「人脛也」。司馬光從之。今按：當作「髀」，訓股。《玄數》：「一為手足，二為臂脛，三為股肱」，《玄圖》：「一與六共宗，二與七共朋，三與八成友」。肘下為臂，肘上為肱，膝上為股，膝下為脛，二在三下，七在八下，故二、七為臂脛，三、八在上為股肱也。此其上下之別。《說文》骨部：「骭，骹也，骹，脛骨。髀，股也」。是骭訓脛，髀訓股也。八既在上為股，則不當作「骭」訓脛，而當作「髀」訓股也。以此知司馬光從王涯作「骭」非是，范本作「髀」是。宋陸作「（車旱）」，字書無此字，當是「髀」字形近而訛者。且從文意言之，作「骭」亦不如作「髀」為長。《詩・采菽》：「赤芾在股」，鄭箋：「脛本曰股」，《國語・吳語》：「將還玩吳國於股掌之上」，韋注：「脛本曰股」，《莊子・在宥》：「禹於是乎股無胈」，《釋文》亦曰「脛本曰股」。股既為脛本，則本折而末隨之，髀股既折，則骭脛自不待言矣。

測曰：車不拔，躬自賊也。

范望曰：艱難之世，賊其身也。

葉子奇曰：人自喪己，非人喪之。

鄭維駒曰：坤為躬為害，故自賊。

上九：崇崇高山，下有川波，其人有輯航，可與過其。

范望曰：其，辭也。輯航所以濟難也。九為金，故稱山。崇高之山，而有川波，明其難也。波川之險，須輯航而濟之，礥難之世，須聖人而拔之也。

司馬光曰：其，音基，語助。輯與檝同。九處難之極，遇禍之窮，故曰崇崇高山，下有川波其，言險之甚也。然當日之畫，其才足以濟險者也，故曰人有輯航，可與過其。

鄭氏曰：其，舊音箕，按注云：其，辭也，與《小雅》夜如何其同音。輯，舊才入切。按：輯，古揖字，然檝亦有此音，但訓為和，則宜音集，訓為櫂，則宜音接。航，舊說一作杭，按：航與杭，經史通用。

葉子奇曰：輯，古揖字，通用，平聲，語助辭。九為上山，故曰崇崇高山。在礙難之世，則有險阻，故下有川波，然難極必通，故有揖航，可與過其險阻之地也。

陳本禮曰：金，畫。輯同揖。過，平聲。過下舊有其字，與韻不協，衍文也。上九為礙之極，曰崇崇則山非一重，下有川波，則險而更險矣。金性堅剛，力能濟險而又有濟險之具，可以一航而過矣。

鄭維駒曰：高山大川，坎艮象，艮手運震木而動，輯航象。段玉裁曰：《列子·湯問》唐殷敬順《釋文》引《說文》：輯，車輿也（今本車部輯下云：車和輯也，此為古本），殷氏所見未誤《太玄》礙上九其人有輯航，此謂輯，車輿，山必輿，川必航，而後可過，是古義見於子雲之書，非無可徵也。

鈴木由次郎曰：一月四日，畫，女六度。崇崇，高山貌。輯航，舟。輯通揖。其，助字。逢遇高山大川，幸而有舟可渡險難。

測曰：高山大川，不輯航不克也。

范望曰：克，能也。言非輯航不能濟也。

閑

☰ 閑：陽氣閑於陰，礙然物咸見閑。

范望曰：一方一州二部一家。天玄，陰家，四金，中下，亦象屯卦。行屬於金，謂之閑者，冬至氣終此首之次三，小寒起於此首之次四，陰雖盛〔或作盡〕於下而猶壯於上，故能防閑。礙礙焉而萬物亦皆見其防閑，故謂之閑。閑之初一，日入女宿六度。

章詧曰：準屯，今準坎。陰家，邵作陰家，準屯。陽氣內微，陰氣外壯，內外相阻，閑閉不通，物盡見閑，故曰閑。

司馬光曰：一方一州二部一家。陰家，金，亦準屯，入閑次四一十八分二十四秒，日次玄枵，小寒氣應，斗建丑位，律中大呂。閑，閑也，防也。宋曰：礙然者，陽欲出不能之貌也。陽主出內萬物者也，而見防遏，故萬物亦皆見閑。

陳仁子曰：閑即馬十有二閑之閑，防而護之也。陽氣尚微，可防使長，不可輕之使傷，當此礙難之世，常謹防閑之道，如護花者編其闌，護馬者護其閑，則陽雖微而無害。閑二之固珍，三之關鍵，五之拔石，皆防而護之也。《玄》象《易》之屯而以名，二首既曰礙，又曰閑，其反復于崇護微陽之義矣。

葉子奇曰：閑，防也。陽氣尚微，為陰所防，未得通也。閑之初一，日入女宿六度，冬至氣終此首之次三，小寒氣起此首之次四。

陳本禮曰：陰家，四，金，中下，日次玄枵，斗建丑，律中大呂，小寒節應，卦準屯。傳：地四生金，金在卦屬乾為寒為冰，此時寒冰正堅，微陽為堅冰所閑，伏不得出，猶君為強臣所制，政令不行，再稱礥然者，見才經險世，又遇難時，君如此，物亦如此，故重有感也。

孫澍曰：閑亦准屯，《太玄》以惟辟作福，惟辟作威，惟善為寶，惟德為正。

鄭維駒曰：許瀚云：卦有重出，蓋氣數流於天地之間，有艱難繫礙而未解，或發揮隕往而不禦，則卦亦象之，為之仍累而相屬。

鈴木由次郎曰：第四首，陰，四金，一方一州二部一家。閑，防。礥然，形容困難。微陽欲動出，為防陰寒而不出。由於礥難，萬物皆不得伸。

初一：蛇伏於泥，無雄有雌，終莫受施。

范望曰：一在金世，子母相扶，可以養物。季冬土復，若雌之象，故言有雌。雄以喻龍，而言蛇者，伏在地中，形未大變，故以蛇喻。

司馬光曰：施，式豉切。一陽而當日之夜，君不君之象也。君德龍也，失道而見閑於臣，故曰蛇伏于泥也。無雄有雌，則終莫受施。無君有臣，則澤不下達矣。

葉子奇曰：閑在陰家，初一屬夜，又為陰，蛇，陰惡之類，一在九地為泥沙，無雄有雌，亦陰也，既皆陰惡，所行不正，終誰聽受其所施者乎。

陳本禮曰：水，夜。雄陽受制，雌陰肆毒，故變龍稱蛇，是雌者變而為雄，雄者反變而為雌矣，故曰無雄有雌。終莫受施者，龍之膏澤不能下逮於民，故天下有臣民亦無由仰承漢德也。龍無角曰蛇，此時龍伏在淵，爪角未生，形未大變，故以蛇喻。時孝哀欲禪位於董賢，此莽之所以起不臣之心也。歸咎於君，見亂之所由生也。《鴻範五行傳》曰：王之不極，是謂不建，厥咎瞀，厥罰恆陰，厥極弱，時則有龍蛇之變，時則有下人伐上之痾。

鄭維駒曰：屯難之世，真者龍，偽者蛇，龍能飛而雄，蛇終伏而雌。終莫受施者，陽君而陰臣，陽施而陰受，自君故莫受，不君故莫施。屯下震為龍，震伏巽，初一時陰，故震之龍化為巽之蛇也。

鈴木由次郎曰：一月四日，夜，水。蛇尚未能成為龍升於天，而雌伏於泥中。以喻陽弱陰強，君恩不能下達，民不能受其施。

測曰：蛇伏于泥，君不君也。

范望曰：龍而蛇伏，故不君者也。

陳本禮曰：莽之不臣，實由君之不君，此特筆也。《法言》曰：龍蟠於泥，
蚖其肆矣。李白《遠別離》曰：君失臣兮龍為魚，權歸臣兮鼠變虎，殆若是
矣。

鄭維駒曰：君不君者，似龍而非龍也。

次二：閑其藏，固珍寶。

范望曰：閑，閉也。珍寶，美道也。二為平人，而在閑家，故自防閑，不
與流俗，守其善道而已也。

司馬光曰：藏，族〔或為疾〕浪切。二，思中也，君子藏器於身，默而識
之，待賈而沽，若閑藏固寶者也。

葉子奇曰：二為下人，在閑閉之時，未可以有為，且當閉其庫藏，以固其
所以有之珍寶，俟時而用之也。

陳本禮曰：火，晝。藏，去聲。珍寶，重器也。二為平人，在險難之世，
而家藏珍寶，宜謹守管籥，自固其藏，毋為大盜所奪，此為善藏者也。

鄭維駒曰：屯互坤為閉為藏，乾為金玉，震初得之，固藏於下，又在金行，
故以珍寶言。

鈴木由次郎曰：一月五日，晝，女七度。火。防備盜賊，藏起珍寶而固守
之，以喻使人不能窺我所藏。

測曰：閑其藏，中心淵也。

范望曰：淵，深也。守道求己，德之深也。

葉子奇曰：淵，靜深也。玉韞匵而待賈，猶人懷德而俟時，閑藏心淵也。

陳本禮曰：淵，深也。中心有主，人不能窺我固藏之所也，故曰淵。

次三：關無鍵，舍金管。

范望曰：三木故稱關，鍵，籥也。關而無籥，故舍金管也。閑閉之家，宜
明管籥以止出入，金〔關〕而無鍵，故舍管也。

司馬光曰：小宋本作金舍管，今從諸家。鍵，其偃切。舍與捨同。鍵，鎖
牡也。管，所以出鍵者也。關無鍵，則舍金管而不用矣。三為成意而當日之夜，
不能防閑，失其權重，故盜入門也。《易》曰：弗過防之，從或戕之，凶。又
曰：慢藏誨盜。

鄭氏曰：鍵，渠建切，籥，牡也。按：籥牝牡，其牡者曰鍵，其牝曰管。無鍵則管不可用。舍讀作捨。

林希逸曰：舍，註音捨，今音釋。鍵，鎖牡也。管所以出入鍵者也。關門而無鍵，雖有鎖管，亦開釋矣。言失防閑之道也。

葉子奇曰：三過中而夜陰，不能深思遠慮，無有防閑，是關既無鍵，而復舍其金管也。《易》所謂藏藏誨盜，寧不致寇盜之至乎。

陳本禮曰：木，夜。

鄭維駒曰：《月令》：修鍵閉鍵，牡閉牝。三不得陽時，故無鍵。震得乾初之金，金小而動為管，關而鍵，雖有金管，將安用之。坤，闔戶關象。

鈴木由次郎曰：一月五日，夜，木。舍與捨同。管，籥，鍵之所入。門無鍵，則與鍵相配的管籥亦無必要，捨而不用。盜賊可隨意入門。

測曰：關無鍵，盜入門也。

范望曰：無鍵之門，盜入之也。

鄭維駒曰：既無金管，則坎盜在艮門外，欲其不入，得乎。

次四：拔我輗軏，小得利小征。

范望曰：我，我萬民也。輗軏，喻信也。《語》曰：大車無輗，小車無軏，此之謂也。四，臣道也，有佐於君牧養萬民之義，非信不立，故拔之以信。征，行也。以信教民，故可以行，故曰小征也。

司馬光曰：范曰：輗軏喻信也。《論語》曰：大車無輗，小車無軏。

葉子奇曰：車必輗軏而後行，苟拔我以輗軏，是得所行之道，則必進矣。但在閑閉之時，故小得利小征也。

陳本禮曰：金，晝。輗，轅端橫木。軏，轅端持衡者。拔，推而進之於前也。車必待輗軏而後行，猶事必待信而後舉也。我，萬民自謂也。四為近君之大人，佐君牧養萬民，非義不行，非信不立，固猶可小得而利小征也。

鄭維駒曰：礶四無陽，故拔車不克，此以陰數得陽時，小征焉可也。

鈴木由次郎曰：一月六日，晝，小寒，女八度，雁北鄉。金。輗，轅端橫木，以縛軛者。軏，轅端之上曲而鉤衡者。輗軏喻信。輗軏配於車前，有治民貴信之意，則小有所得，小行則有利。

測曰：拔我輗軏，貴以信也。

范望曰：治民以道，信行於下也。

葉子奇曰：取夫子人而無信章義。

次五：礥而閑而，拔我姦而，非石如石，厲。

范望曰：厲，危也。五為土，土中之難，石之象也。礥閑之世，萬事皆難，五處尊位，當拔除其姦。非石之固，而使如石，故危也。

司馬光曰：范曰（與范望注同，略）。光謂：五居盛位，為物藩衛，而欲以不正拔物，故敵堅如石而身危也。

葉子奇曰：五屬土石，土中之堅剛者也。五居君位，當陰家之夜，有才弱矣。居閑難之時，既非剛明之君，而欲拔除奸邪，本無堅剛之才，欲效堅剛之用，豈有濟乎。故曰非石如石，故危也。《易》曰：德薄位尊，力小任重，智小謀大，鮮不及矣，此之謂也。

陳本禮曰：土，夜。非石如石者，大奸根本已深，盤踞甚固，拔之而土先受伐，故厲也。

鄭維駒曰：五作主而遭屯難，此陽之礥也，而實為陰所閑也。夫陰慝之在君側，豈自以為閑君哉，將以為救其屯難而拔之也，而不知其拔我者乃奸也。艮上一陽為小石，陰非石也而如石，其猶堅冰之喻乎。

鈴木由次郎曰：一月六日，夜，土。三而字皆助辭，礥而閑而，形容困難之語。厲，危。非常困難之時，欲除奸邪，沒有如石之堅強才能，卻用如石之堅決方法，危。

測曰：礥閑如石，其敵堅也。

范望曰：如石不拔，故堅也。

鄭維駒曰：五得陽數而時之陰為之敵，數不能敵時也。

次六：閑黃垗，席金笫。

范望曰：六為宗廟，營衛也。五，土也。五堵為垗，黃，中也，宗廟之中，故有黃垗之室，金笫之牀也。

司馬光曰：小宋本垗作埃，今從諸家。范曰：五堵為垗。王曰：垗，古雉字，謂城也。笫，簀也。光謂：席猶藉也。金，至堅之物。六，福之隆也，而又當晝，君子以德自防，外患無從而危者也，故曰閑黃垗，席金笫。

鄭氏曰：五板為堵，五堵為雉，范注用公羊家說，而垗乃奇字也。笫，舊側几切，牀板也。按：注云金笫之牀，謂金版之牀也。

林希逸曰：垓，古雉字，城也。笫，牀簀也。閑以金城，藉以金簀，人之自防如此，喻有德以自固也。

葉子奇曰：垓，音雉。雉，五堵也。笫，牀簀也。閑以黃垓，則其防家也周矣。席金笫，則其安身也重矣。六當福隆，在晝之陽，固能以德固之如此也。

陳本禮曰：水，晝。垓音雉。葉曰：雉，五堵，城也。笫，牀簀也。閑以黃垓，則其防家也周矣。席以金笫，則其衛體也美矣。六當福隆，在晝之陽，故能以德自固，而外患無從而入矣。劉按：陳引葉注又有變動。

鄭維駒曰：城三堵為垓，互艮為城，中為黃，土中之城，王城也，故曰黃垓。震得乾初之金，義為蒼莨竹，故金笫，在下故席。在金行，金生水，故六席之以為安也。

鈴木由次郎曰：一月七日，晝。女九度。水。黃垓，城。垓同雉。五堵為雉，堵，高一丈。笫，席墊，以竹編之，布於床板之上。防敵而以堅固之城，若以金屬所制笫席鋪布地上，則其守備可謂完全，喻以德固身。

文字校考：閑首次六：「閑黃垓，席金笫」。「垓」即「雉」之異體，《集注》：「小宋本作『埃』，今從諸家」。是以「垓」誤為「埃」也，不知埃、雉古亦相通。《集韻》：「垓、埃，通作雉」。是其證。《說文段注》：「雉，古音同夷」。其說是，詳見段注原書。「埃」與「夷」古音相近，據《說文》大徐所附《唐韻》之音，夷，以脂切，埃，烏開切，以為喻母，烏為影母，古皆屬喉音，為同聲。脂屬脂部，開屬咍部，據《唐韻正》，十六咍與六脂、七之等部通為一韻，今人或分之益細，然其相近殆無可疑。據唐作藩《上古音手冊》，夷為喻母脂韻字，埃為影母之韻字，影為喉音，喻為喻四，歸入舌音，之脂亦分為二部，此今人分之精細者，以辨其間細微差別，而古人聲音分類以大體相近為準，以求是否可通，今之音韻學家則只求其間的細微差別，亦不以是否通用為目的，故不必按今之音韻學家所分為準。則據古人所分，「埃」與「夷」音近，故「埃」「雉」（段玉裁《說文注》所謂「雉」古音同「夷」）可通。雖然，小宋，宋人也，是時「雉」已非上古音，小宋作「埃」，與諸本異，未必即據古音而定。或以「垓」字罕見（《說文》、《廣韻》均不收此字，《集韻》始收入），而臆改為「埃」，亦未可知。要之，知「雉」、「垓」、「埃」三字古通，而以「雉」為本字可矣。小宋作「埃」，司馬光不從，則皆未必以古音為準也，此亦不可不知。笫，《道藏》本作「策」，嘉慶本、《備要》本均作「笫」，范注本作「笫」，此當以「笫」為正體，「笫為異體，《說文》、《集韻》作「笫」，《廣韻》作笫，

此二體又易訛，笫恐亦「第」之訛體。王涯注：「笫，簀也」，沿用《說文》「笫，牀簀也」之說，然不如用《方言》之解：「牀，陳楚之間或謂之笫」。范注：「營，衛也」，而次六贊辭測辭均無「營」字，則范注所云不知何謂也。疑《太玄》原文或有脫誤，苦無旁證，記於此以俟考。

測曰：閑黃垠，以德固也。

范望曰：以君之德，固有宗廟也。

次七：跙跙閑于蓬除，或寢之廬。

范望曰：跙跙，惡貌也。七為無道，故曰蓬除。蓬除之人，不能俯者也。家性為閑，當防閑惡人以清王道，防而不固，讒惡進入，故或寢之廬也。

司馬光曰：范本蓬除作蓬除，王小宋本作籧篨，今從宋、陸本。跙，七余、莊助二切。蓬音渠，除音除。王曰：跙跙，行不正貌。籧篨，傳舍。或寢之廬，閑外而失內也。七為禍生，位且當夜，失閑之道也。光謂：惡人已跙跙然入其室，而不自知者也。秦大發兵備胡，而胡亥亡其國，故曰惡在舍也。

鄭氏曰：跙，七余切。《禮記》：斬衰何以服苴，苴，惡貌也，注云：跙跙，惡貌，則是范讀作苴也。或用才與切，閑失之矣。蓬除，《晉語》：蓬篨不可使俛，字皆從行，《國風》籧篨不鮮亦然。

葉子奇曰：跙，切居切。跙跙，惡貌。蓬除，人患不能俯之惡疾也，以喻惡人。七之暗弱，不能委托賢才以為防衛，顧乃閑於蓬除之惡人，既可丑矣，乃復升而寢置於室廬之內以尊顯之，其繆甚矣。自古不明之君，莫不各賢其臣，由其知德者希，未有不以小人而為君子者也。升之朝廷，任之以政，及至禍變並至，雖欲悔之，已無及矣。此足為之深戒也。

陳本禮曰：火，夜。跙音疽。跙跙，行不正也。蓬篨喻惡疾不能俯仰之人。七以陽居陰，所行不正，顧乃閑於外而疏於內，惡人已入其室而寢其廬，尚不知也。其昏庸如此，何能清奸黨而防邪惡之人哉。

孫澍曰：揚子《方言》：籧篨，簟名，又醜疾。《詩·衛風》：籧篨不鮮，意以喻邪行不正之人，宜屏諸四夷，不與同中國。今乃寢諸室廬而尊顯之，方且倚為股肱，恃為心腹，一旦禍發蕭牆，亡身及國，失閑惡舍，孰大於是。

俞樾曰：閑于籧篨，或寢之廬。樾謹按：范本作蓬除，王涯、宋惟幹本作蓬篨，溫公從宋衷、陸績本作籧篨，然止字體之小異，古文以聲為主，不足為異同也。惟范訓蓬除為不能俯者，王訓籧篨為傳舍，則皆失之。《方言》曰：

簟，宋魏之間或謂之籧苗，其麤者謂之籧篨。上文次六閑黃坄席金第，王曰：坄古堆字，謂城也，第簟也，此云閑于籧篨，或寢之廬，則非黃坄之固，籧篨則非金第之安，兩贊之義正相反，然則籧篨當從《方言》訓簟矣。

鄭維駒曰：震為竹，《說文》：籧篨，麤竹席也。閑陽者在袵席之地，而或浸以艮之廬，是宮妾之禍也。

鈴木由次郎曰：一月七日，夜。火。跙跙，行不正貌。籧篨，旅舍。不能正確防止邪惡之人進入旅館，則邪惡之人已經寢入室內而不知，以喻愚闇不能防邪惡。

文字校正：閑首次七贊辭：「跙跙閑於籧篨」（范本），司馬光《集注》本及《道藏》本皆作「籧篨」，司馬光《集注》曰：「范本『籧篨』作『籧篨』，王涯、宋惟幹本作『籧篨』，今從宋衷、陸績本。」古之雙音聯綿詞，本無定字，僅取其聲，字形雖異，而古皆聲可通，此一般通例。然於此數字則有不同，當區別之。《說文》竹部：「籧，籧篨，粗竹席也，從竹，遽聲」。艸部：「籧，籧麥也，從艸，遽聲。篨，黃篨職也。從艸，除聲」。辵部：「遽，傳也，一曰窘也，從辵，豦聲」。阜部：「除，殿陛也。從阜，餘聲」。可知早在漢代「籧篨」二字已不分用，而為固定之雙聲聯綿詞。據《經籍纂詁》所收唐以前此二字十二例，亦無一例分用者，皆作聯綿詞使用，亦可證《說文》記載不誤。而其他「籧」「篨」「遽」「除」四字則各有其義，分別使用，與「籧篨」二字分則無義、合始有義大不相同。而分則無義、合始有義者，正是雙聲聯綿詞之重要特徵。於此以上六字之差別顯而明矣。復據《經籍纂詁》所收唐以前典籍中「籧」「篨」「遽」「除」四字共有實例六十條（分別為十三、四四、四、二）內，僅有兩例：《漢書・敘傳》下：「舅氏籧篨」，《公羊》定公十五年：「齊侯衛侯次於籧篨」，用作聯綿詞。可知漢代已基本固定以「籧篨」二字為此聯綿詞之代表字，「籧」等四字則極少使用，而各自用於其他意義。楊雄《太玄》作於西漢末年，與《說文》成書約距數十年，可謂同時之書，亦不當違背當時之通例。據此知《太玄》閑首次七之贊當用當時已為定字之「籧篨」。范望《太玄解贊》：「七為無道，故曰籧篨。籧篨之人，不能俯者也」。司馬光《太玄集注》引王涯曰：「籧篨，傳舍」。司馬光不言二字之義，是避迴之也。王說無證，非是。《莊子・天運》：「仁義，先王之蘧廬也」。郭象注：「蘧廬猶傳舍也」。陸德明《經典釋文》引司馬彪注亦同。蘧廬與籧篨不同。「蘧」當讀作「遽」，《說文》辵部：「遽，傳也」。傳即傳車、傳驛之傳。

《周禮・行夫》：「掌邦國傳遽之小事」。鄭玄注：「遽若今時乘傳騎驛而使者也」。《左》昭二年傳：「乘遽而至」，杜預注：「遽，傳驛」。《管子・大匡》：「三十里置遽委焉」。房玄齡注：「遽，今之郵驛也」。皆其例證。且「遽」之訓傳，皆單字為用，並非作聯綿詞用，以上諸例亦可明之。盧即舍，是「蘧盧」乃一詞組，合「遽傳」「盧舍」二詞為詞組，與《太玄》閑首次七之贊所謂「籧篨」為聯綿詞者，遠非一事。故知王涯所言不足為據。司馬光已知其非，故不用其說，然亦未明「籧篨」之意，而迴避不釋。「籧篨」之義，粗竹席者，其一也，而《太玄》所用實非此義。范望所謂「籧篨之人，不能俯者也」，則近乎《太玄》之義，然有所未盡。《廣雅・釋訓》：「籧篨，疾也。籧篨之疾，不能俯身也。染此疾者，謂之傴人」。《詩・新台》：「燕婉不求，籧篨不鮮」，毛《傳》：「篨，不能俯者」。《國語・晉語》：「籧篨不可使俯」，此即《廣雅》所謂疾也。《國語》韋昭注：「篨，傴人」。《淮南・修務》：「籧篨戚施」，高誘注：「籧篨，傴也」。是染籧篨之疾不能俯者，即謂傴人。傴，僂也（見《說文》、《廣雅・釋詁》四），仰也（見《廣雅・釋言》），仰故不能俯伏，故謂之傴。然則籧篨之疾，僂傴不能俯伏也。古又有一疾，稱為「戚施」，謂佝僂不能仰伸者。此二疾，一不能俯，一不能仰，正相為反，然其為疾則一也。此二疾古語常相提並論（見《國語・晉語》《淮南・修務》《爾雅・釋訓》《廣雅・釋訓》）。由此可知，籧篨訓疾，為另一義，自與粗竹席之義別。范望《解贊》：「不能俯者」云云，即據此義而言。訓疾之義，唯「籧篨」之詞所有，雖《說文》亦不之載。而蘧、篨、遽、除諸字皆無此義。由此亦可證范望所見本原當作「籧篨」，司馬光《集注》本引范望本作「籧除」，是「籧」字至宋時尚不誤，而「篨」字已壞作「除」矣。至明本而作「蘧除」，則「籧」亦誤「蘧」，二字皆非原貌。《集注》本所引王涯、宋惟幹本作「蘧篨」，而《集注》所引王涯注則作「籧篨」，知王涯、宋惟幹本原未嘗誤，《集注》本引之而誤。其所引王注則仍存其舊而未誤也。據此可知，范望、王涯、宋惟幹本不誤，而宋衷、陸績本誤，《集注》本沿之。范望《解贊》「不能俯者」云云，雖其有據，然於《太玄》原意猶有未盡。《爾雅・釋訓》：「籧篨，口柔也」，《詩・新台》：「籧篨不鮮」。鄭箋：「籧篨，口柔也」。《爾雅》舍人注：「籧篨，巧言也」，李注：「籧篨，巧言好辭以口饒人，是謂口柔」，孫注：「籧篨之疾不能俯，口柔之人視人顏色，常亦不伏，因以名云」。《詩・新台》《釋文》：「籧篨，口柔不能俯也」。是「籧篨」口柔之義，本與「籧篨」不俯之義相通。

而籧篨不俯，又為口柔，猶戚施不仰，又為面柔。不俯不仰相對，口柔面柔亦相對（見《爾雅·釋訓》及舍人注，又見《新台》鄭箋及《釋文》）。不俯、口柔，一為人身之疾，一為人性之病，而其為疾者又一也。《太玄》閑首次七之贊辭「籧篨」一語，即用籧篨口柔之義，而范氏止言不能俯者，是其義有未盡也。《太玄》閑首次七之贊辭：「跙跙閑於籧篨，或寢之廬」，測辭：「跙跙之閑，惡在舍也」。「跙跙」一語，當依范望《解贊》：「惡貌也」，而王涯所謂「行不正貌」非是，蓋以跙跙謂惡人也。惡人指次七言。閑首在《太玄》八十一首內屬陰首，而次七為陽贊。既為陰首之陽，則首贊陰陽之性不合。又者，閑首在八十一首內，其行屬金，七則屬火，火克金，首贊之行亦相克。復據《玄數》之文，七為失志，為消，為禍生。且閑首次七時又當夜，故其辭咎。故閑首次七贊辭不吉，而稱之為惡人、無道。閑者習也，習者曉也，常也（見《爾雅·釋詁》及《周易·坎卦》注），蓋謂通曉而習以為常也。次七之辭，意謂惡人閑習籧篨口柔之術，擅長視人顏色，為巧言好辭，令色誘人，以逞其欲。閑首家性為閉，當防閑惡人，以清王道，然惑於惡人口柔之術，防而不固，使惡人得逞，進入其廬，甚而至於寢於其廬，故曰「惡在舍也」。閑首次六，言能以德固，防閑惡人，保守宗廟，閑首次八，言惡人在外，大君悉心防之，恐其入室為亂。六、八皆陰首陰贊，時當晝，故其辭休。上九之贊謂「閑門以終」，閑，閉也，亦言閑閉其門，以防惡人入室。此外，次二、次三之贊辭皆言閉關守藏之事，或曰「閑其藏，固珍寶」，或言「關無鍵，舍金管」，「關無鍵，盜入門也」，此皆閑閉以防惡人之事，其意蓋與六、七、八、九一脈相通，正合閑首一首大意。閑首言陰氣在上，防閑陽氣之生長盛大也，終篇言陰防陽之意，故其首辭曰：「陰氣閑於陰」是也。

測曰：跙跙之閑，惡在舍也。

范望曰：讒人進入，故在舍也。

鄭維駒曰：互坤為惡。

次八：赤臭播關，大君不閑，克國乘家。

范望曰：赤臭，惡人也。八，東方也，帝之所出，故稱大君，而有惡人播關欲入，大君故閑距而不內，故稱勝國乘家之勢也。

司馬光曰：王本不閑作不開，小宋本作不關，今從宋、陸、范本。王曰：赤臭者，陰陽交爭，殺傷之氣也國，播於遠關之外。

葉子奇曰：赤臭，惡氣也，以喻惡人。播，奔也。八居晝陽，得上之中，故能因惡人奔關而逃，則聽其去而不得閑留之，則君子得以克國乘家也。

陳本禮曰：木，晝。赤臭，惡。播，布散也。關，所以禦寇盜而防中外也。八以敗木而逢金世，又上近九金，中外受克，大君若不謹守關門，賊氛一入，終有克國乘家之患。乘者，襲而取之也。

孫澍曰：赤臭意謂大惡也，播關猶言播其惡於眾，閑為大寶之衛，人主不是慎，一旦泥中，欲免為蛇，得乎。

俞樾曰：王曰：赤臭者，陰陽交爭殺傷之象也，播於遠關之外。然播於遠關之外而但曰播關，似為不辭。播疑當作燔，或字之誤，或聲同而借也。于次八曰：赤舌燒城，此云赤臭燔關，兩文相近，燔猶燒也，關猶城也。

鄭維駒曰：坎為血為赤疾，於陰則血臭，播關言陰氣之盛於外也。我不閑彼，彼將閑我，故大君以為戒。

鈴木由次郎曰：一月八日，晝。女十度。赤臭，惡氣。惡氣散布於關防，大君若不能謹守關防，則惡氣進入，而滅國傾家。

文字校考：閑首次八贊辭：「赤臭播關，大君不閑，克國乘家」。測辭：「赤臭播關，恐入室也」。「播關」費解，王涯注：「赤臭者陰陽交爭，殺傷之氣播於遠關之外」。范注：「惡人播關欲入」。王以「播」為播放、傳播之「播」，然測辭曰：「恐入室也」，謂欲入於內，非播放於外，則王說非是。范注不釋「播」字之義，亦有不盡，俞樾以為「播」當作「燔」，燔猶燒也。然赤臭何以燒關？亦嫌牽強。今按：此處播當訓越，《國語・晉語》：「隱悼播越」，《左傳》昭公二十六年傳：「震盪播越」，《後漢書・袁術傳》：「天子播越」，皆以「播越」連文，是二字義近可通之證。二字連文，本謂流亡失所，故《詩・載馳》《正義》：「君民播遷」，引申又有播揚、傳播義，如《詩・載驅》《正義》：「播揚其惡于萬民焉」、「播其惡于萬民也」，《詩・崧高》《正義》：「播揚王澤」，可為證。據此可知此處「播關」，當謂通過關口而傳播進來，指所謂赤臭（喻惡人及其勢力影響）傳進關城之內，故曰「恐入室也」。王涯謂播于遠關之外，得「播」之傳義，然未得由外傳入之意，范注：「惡人播關欲入」，得「恐入室」之意，然未解「播」字之義，曰「播關」，則似謂「越關」，亦於「播」字之義未得確解。司馬光於此未釋，似於「播關」不知何解，故空闕之。再看「大君不閑」，此「閑」字與閑首之義相關，閑首之閑為防閑，《集注》釋首名時注：「閑，閑也，防也」，即釋為防閑之義。以此可解閑首首辭「陽氣

閑于陰，物咸見閑」，此二「閑」字皆防閑之義。次八赤臭播關之時，大君不閑，即大君不防閑之意，結果必是克國乘家，即家國顛覆而亡。贊辭為提醒告誡之意，並非實已至此，測辭「恐入室也」，亦是提醒告誡之語，合之意為赤臭播關之時，大君應有恐入室之懼，若不防閑赤臭之播入，則必至克國乘家矣。閑次八為陰首陰贊，於例應為辭休，「不閑」、「克國乘家」、「入室」等，似乎辭意不休，然據提醒告誡意而言，則謂大君能知赤臭播關入室而不防閑以致國家滅亡之危險，而能加以防閑，故可使重大危險不致發生，可知辭意仍為休，於例相合。

測曰：赤臭播關，恐入室也。

范望曰：惡人在外，恐入其室也。

葉子奇曰：幸其去而慮其入。

陳本禮曰：赤臭狀莽之逆迹已著，播關則惡聲已載於道路矣。而大君猶不戒慎恐懼，嚴行閑守，則賊將聞關而入室也。克國乘家四字猶祖伊奔告之恐，無如哀平不悟，此大盜之所以終移漢祚也。

上九：閑門以終，虛。

范望曰：家性為閑，世自閑閑，又有惡人欲入其室，九為位終，終自閑防，故虛也。

司馬光曰：王曰：處閑之極，當夜之位，失閑之宜，如閑其門戶，人之所以自終，必且虛而無獲。光謂：閉門自終，不與物交，慎則慎矣，而終無所得，求之功業，不亦遠乎。《易》曰：括囊，無咎無譽。

鄭氏曰：終虛，測注謂終不寔身以情欲，贊注謂終不寔內以惡人，其義一也。按：上九當夜，其辭多醜，如注所說則反好矣，聞之師曰：防閑於門，以虛其室，一概杜絕，無所開納，雖不寔以惡，亦不寔以善，故曰終虛，非能虛己受賢者也。是以君子醜之也。

葉子奇曰：居閑之極，初無所閑，終以虛而不可以實也。

陳本禮曰：金，夜。上九處閑之極，失閑之宜，關必堅其樓櫓，實以軍旅，貯以炮石，如是則賊始不敢妄窺關門，乘虛竊發，今關門既虛，內無守禦之策，民盡逃亡，士鮮攖城之志，即使暫收散卒而十不敵一，故曰終不可實也。

俞樾曰：閑門以終虛，終，衍文也。測曰閑門以虛，終不可實也，贊辭終字即涉測辭而衍。

鄭維駒曰：陽實陰虛，門虛當以實閑，虛以閑閑，則亦終虛而已。坤為門為虛。

鈴木由次郎曰：一月八日，夜。金。終，從俞樾說，以為衍文。以虛防閑門戶，是無為無策。

測曰：閑門以虛，終不可實也。

范望曰：虛已受賢，故終不實身以情欲也（《大典》作故終不入以情欲也）。

葉子奇曰：閑極無所閑也。

鄭維駒曰：陽實而陰不可實，陰不可實則亦不能閑實者矣。

劉按：以虛防閑其門，中不可實也。中亦虛。或曰只防於門，而中無實，則其防守實際空虛而不能成防。

江紹原曰：贊「虛」蓋一字句，與大次四贊「虛」同。測「虛」「終」二字似誤倒，且「虛」極似衍文：上句「閑門以終」，復述贊辭，下句「不可實也」，釋贊辭一字句「虛」歟？俞校未善，不如作「閑門以終，虛。測：閑門以終，虛不可實也」。司馬殆將「閑門以終，虛」作「老死牖下，虛度一生」解說，故引易括囊無咎無譽以釋，漢儒云括囊喻腐儒也。這比范、王舊解似稍勝（參見《論語・衛靈公》篇：君子疾沒世而名不稱焉），然我終疑其為求之過深。門司啟閉，且須守護。有門高大而無人守，則等於虛設，故大次四贊云「大其門郊，不得其鳴刁：虛」而測云「實去名來」；門關到底，外物不進而內感空乏，則門亦等於虛設，故閑上九贊云「閑門以終，虛」而測云「不可實」。兩贊同以「虛」為一字句，且其涵義似無不同。閑上九今譯：門兒關到底，不進柴和米；門兒關到頭，不見師長軍長大參謀。餓坏金玉體，埋沒博士才，無門猶可也，有門豈不白。

少

☷ 少：陽氣澹然施於淵，物濂然能自錽。

范望曰：一方一州二部二家。天玄，陽家，五土，中中，象謙卦。行屬於土，謂之少者，陽氣澹然溫和萬物於土中，萬物始自錽幼，故謂之少。少之初一，日入女宿十一度（《四庫》作十二度，萬玉堂本作十一度。《大典》作十度。度數一贊一度，可據當時曆法所定星宿度數而定）。

司馬光曰：一方一州二部二家。陽家，土，準謙。入少次五，日舍虛宿。

范、王、小宋本謙作溓，今從宋、陸本。小宋本能作克，今從諸家。溓音斂。鉞與纖同。宋曰：澹然，不動也。謂陽上見防閑，於是澹然施意（《大典》作竟，誤）於淵，不復動也。謙然者，言萬物見陽氣不動，亦謙然自約也。光謂：萬物當發生，尚能自守其纖細，如人之謙也。

鄭氏曰：少注以鉞幼為說，故或讀作長少之少。按：《莊子》：方存乎見少，又奚以自多，則誇自少則謙，此象謙卦，宜如字讀。澹，杜覽切，恬靜也。注言溫和萬物於土中者，乃陽氣澹然之謂也。潛行密用，其恬靜可知也。淵於土中，皆取晦隱之義。首言淵者，未於中天之注言土中者，本於少首之五溓。《廣雅》云：溓，漬也。一曰冰其薄者，溓，里染切。《說文》云：溓，薄冰也。一曰小水中絕。溓，勒兼切。《集韻》云：溓，恬靖貌，盧忝切。注無訓釋，則當取其合者，舊盧忝、力簟、勒兼三切，又里兼、里染二切，漬也。按：《經典釋文》以諸儒訓音不一而並載之，則必首標所取，附見其餘，故雖多非冗也。此凡五切，而皆訓漬，何取于漬乎。夫小水薄冰，亦能漬物，其中絕而小者，既不漲溢，則恬靖可知哉。舊思廉切，古纖字。

陳仁子曰：少者陽微而未多也，天下之理，惟不自足者進，而務自足者退，是以處少之時，不患於微，而患於足。聖不自足，故日益聖。愚或自足，故日益愚。《易》以九三一陽方居內卦之上，欲其下濟而光明，故受之以謙。《玄》以微陽方居天五之位，欲其溓然而保養，故受之以少。若次一眇謙，次二懷䘏，次五自沖，愧其所不足者也。次四望振，次六持滿，惡其所自足也。噫，謙有益寡之道，而亦為處少之象，天且不可違，況人乎。

葉子奇曰：溓，勒兼切。鉞，思廉切。澹然，溫靚貌。溓然，微少貌。鉞，幼少也。少之初一，日入女宿十一度。

陳本禮曰：陽家，五，土，中中，卦準謙。溓歉通，又同謙。鉞同纖。《傳》：天五為土，五行惟土最厚，此時陽氣微弱力難敷土，況歷經礥閑之世，府藏既空，資生無所，故歉然自少，漠然薄施於淵而已耳。萬物見陽之淡薄如此，亦各卑小以溓然自斂也。

孫澍曰：萬物皆由積小以高大，《中庸》曰：君子之道譬如行遠，必自邇，譬如登高，必自卑，能自鉞也。少訓謙，《太玄》以君子將有為也，將有行也，慮以下人。

鄭維駒曰：溓，小水也，又薄冰也，溓當即小薄之意。

鈴木由次郎曰：第五首，五土，陽，一方一州二部二家。澹然，不動貌。

溓然，同謙然，形容謙遜。鐵通纖，纖細。陽氣尚是微力，靜施於淵而不動，萬物謙遜纖細而自守。

文字校考：少首首辭：「陽氣澹然施於淵，物溓然能自鐵」。《集注》本「溓」作「謙」，范注本作「溓」。今按：當作「謙」。《說文》：「溓，薄冰也」。薄冰之義與少首無涉。《太玄》少首准《易》之《謙卦》，一首大意盡在「謙」字，如初一「眇於謙，不見謙也」，次二「謙不成」，次三「謙貞」，次五「地自沖」，次六「少持滿，何足盛」，上九「謙之靜也」，皆以「謙」字立義，可知首辭作「溓」者非是。謙，敬也（《說文》），又有卑退謙損之義，《左傳》昭公五年杜預注：「謙道卑退」，孔氏《正義》：「謙有卑退之義」，《史記·樂書》：「故禮主其謙」，《集解》引王肅曰：「謙謂自謙損也」，《易·謙卦》《釋文》：「謙，卑退為義，屈己不揚也」。「謙亨」，《正義》：「謙者屈躬下物，先人後己」，《易·雜卦傳》：「謙輕」，韓注：「謙者不自重大」。《繫辭》上傳：「謙也者，致恭以存其位者也」。《太玄》少首既準謙卦，當兼有以上諸義，故首辭曰「謙然」也。若作「溓然」，則與首義全不相符矣，故知當作「謙然」。首辭又曰：「能自鐵」，「鐵」與「纖」通，或作「孅」（見《說文》、《集韻》）。《方言》二：「孅，小也。自關而西，秦晉之郊、梁益之間，凡物小者或曰孅」。纖，《太玄》通作「鐵」，而范注皆訓為少，如少首「動鐵其得」，斂首「墨斂鐵鐵」是也。然則自鐵謂自小、自少也，亦與謙然自卑自損、屈己下物、不自重大諸義相通相應，而與溓然之義不合，此亦可證當作「謙然」也。謙、溓皆為兼聲，聲同可通，然有本假之分，不可混淆。且宋衷、陸績本既作「謙」於前，范氏諸本則不必作「溓」於後也。司馬光從宋、陸本作「謙」，是。

初一：冥自少，眇于謙。

范望曰：眇，微也。為土所克，而自鐵幼，故微於謙也。謙尊而光，故冥也。

司馬光曰：小宋本自作目，今從諸家。一者思之微也，當日之昼，處眾之下，內自謙抑而不求人知者也。故曰冥自少。眇于謙。眇，微也。

葉子奇曰：一屬水，冥，水德，眇，微也。在少之初，是能冥然自少，謙而又謙，是眇于謙也。

陳本禮曰：水，晝。一以水在土家，水為土克，是本來自少，內自謙而人不知，故曰冥。眇，微也。謙而又謙，入於微眇，不欲以謙自見也。

俞樾曰：眇于謙，樾謹按：范注曰：眇，微也，溫公同，然測曰不見謙也，則是以不見解眇字，當為眇能視之眇，《易釋文》：眇，盲也。

鈴木由次郎曰：一月九日，晝，女十一度。水。冥，幽。不求人知。眇，微。幽微處於眾之下，自少謙遜，不求人知。

測曰：冥自少，不見謙也。

范望曰：謙光之家，以不見為貴也。

葉子奇曰：不自覺其為謙也。

次二：自少不至，懷其邮。

范望曰：火在土家，子母相養，以至孝道，故已少不至。邮，憂也。見衰則懼，故憂也。

司馬光曰：二為思中，而當日之夜，小人之謙，貌恭心狠，不以其誠，故憂未免也。

葉子奇曰：邮，憂也。二在夜陰，不明于自謙之道，故雖謙而不至，必不免乎。矜已淩人，寧無憂邮之及乎。

陳本禮曰：火，夜。衄，憂也。二逢夜陰，陰火不能生土以贍其子，是於顧復之恩猶未至也。無父何怙，無母何恃，寧不令為子者出入抱銜恤靡至之憂乎。

鄭維駒曰：謙互坎，坎為憂。

鈴木由次郎曰：一月九日，夜，火。衄，憂。小人只是表面處於眾人之下而謙遜，其心實不誠，故不能免憂。

文字校考：少首次二：「自少不至，懷其邮」。《集注》本作「邮」，范本作「邮」。今按：作「邮」非，乃「衄」字形訛。范注：「邮，憂也」，《說文》：「衄，憂也」，知范氏用《說文》之義，然則范氏原本亦當作「衄」。《說文》：「衄，從血，卩聲」，《說文》從卩者，今皆隸作卩，如卲、卻、印、卸、卻等字是也。從邑者，今皆隸作阝，知從阝從卩者絕不可混淆。《集注》不言諸本異同，知宋時范本猶未誤也。後之抄者或不明邑、阝之別，而常加混淆，如寫「衄」作「邮」，「卻」作「郤」，「卻」作「却」之類是也。此不止《太玄》一書，他書此類甚多，觸目皆是，舉不勝舉，後人沿而不改，習以為常，竟致視為異體，豈不謬哉。

測曰：自少不至，謙不成也。

　　范望曰：謙虛之道，若不成也。

　　陳本禮曰：不成其為謙也。

　　文字校考：少首次二測辭：「自少不至，謙不成也」。《集注》本「成」作「誠」，范注本作「成」。今按：當作「誠」。《集注》無校語，不列各本異同，知宋時范本亦作「誠」，與《集注》本不異。今作「成」者，當為抄者筆誤。「誠」字與贊辭「懷其憂」相應，心懷憂卹，故其意不誠，是以謙憂也。若作「成」，則與贊辭文意不屬，此可證當作「誠」。

次三：動鐵，其得人主之式。

　　范望曰：鐵，少也。式，法也。三為進人，進德修業，以謙為本，終當居位，君臨百姓，故其以少得人主之法也。

　　司馬光曰：范本作鐵其得人謙貞也，今從諸家。

　　葉子奇曰：三能盡思，故動而以謙自牧，其得人主之法也。

　　陳本禮曰：木，晝。鐵，小也。三能得土之力，萌蘗雖小，其漸而必至於大也。猶人主能卑以自牧，德日進而業日修，自然光輝前烈而日進乎大，故可以為人主之式法也。

　　孫澍曰：得當作德，三為思崇而當日之晝，君子勞而不德，有功而不伐。《大禹謨》曰：汝惟不矜，天下莫與汝爭能。汝惟不伐，天下莫與汝爭功。不自滿假，式如玉，式如金，所由思我王度也。

　　鄭維駒曰：三，木之王，氣在土行，我克者為財，得財而鐵，其得是哀多益寡，出於中心，豈惟萬民人主式之矣。

　　吳汝綸：人字疑衍，鐵，古纖字。

　　鈴木由次郎曰：一月十日，晝，女十二度。木。式，法。以謙遜修身則能得民心，此為人主之準則。

　　文字校考：范本少首次三：「動鐵，其得人主之式」。測辭：「鐵其得人，謙貞也」。《集注》本贊辭同范本，測辭：「鐵其得謙貞也」。吳汝綸《太玄讀本》曰：「『人』字疑衍」。吳氏讀本為《集注》本，疑衍之「人」字指贊辭中「人」字，《集注》本測辭無「人」字，知吳氏謂「人」字疑衍指贊辭而言。今按：吳說非是。范注：「故其以少得人主之法也」。知范本原有「人」字。《集注》於此贊辭並無校語記諸本異同，知宋時各本皆有「人」字，而非衍文。且與文意不違，當有「人」字。測辭之異文，《集注》時已有，贊辭既言「人主」，則

測辭不當獨引一「人」字,可知范本測辭有誤,《集注》本作「鐵其得」,亦不辭,或下「其」字屬上,「鐵其得其」,亦不辭,則《集注》本亦有誤。《太玄》通例測辭皆為二句,文句整齊,贊辭多達數句,則測辭通省為一句,或引贊辭首句,可稱為引首例,或省括贊辭數句為一句,可稱為省括例。次三贊辭首句為「動鐵其得」,或以「其得」二字屬下,則首句僅為「動鐵」二字,為求測辭文句整齊,當用省括之例,通觀《太玄》諸首此類文句之省括,如少首次四贊辭:「貧貧,或妄之振」,測辭省作:「貧貧妄振」,少首上九贊辭:「密雨溟沐,潤於枯瀆,三日射穀」,測辭省作:「密雨射穀」,中首次四贊辭:「庫虛無因,大受性命,否」,測辭省為:「庫虛之否」,閑次五贊辭:「礚而閑而,拔我姦而,非石如石,厲」,測辭省作:「礚閑如石」,戾首初一贊辭:「虛既邪,心有傾」,測辭省作:「虛邪心傾」,諸如此類,則此贊辭似當省作:「動鐵得式」,如此既合乎《太玄》行文之例,又可得贊辭文意。而范本、《集注》本於此測辭原文均有脫誤,以致不讀,皆不可據。

測曰:鐵其得人,謙貞也

范望曰:謙以得民,是其正也。

葉子奇曰:曰少曰眇曰鐵曰沖,皆自卑之意也。

陳本禮曰:謙以得民,是其正也。

次四:貧貧,或妄之振。

范望曰:四為下祿,金性剛強,而在少家,祿下而少,故曰貧貧。三為四財,故曰妄振也。

司馬光曰:王曰:失位當夜,妄有所求,非謙靜之時所宜然也。光謂:家性為少,四為下祿,故貧也。在中之下,不自多大,自旌其貧者也,故曰貧貧。當日之夜,不能守正,自旌其貧,妄求振救,斯亦鄙矣。

鄭氏曰:振,舊云賑也。按:賑者以財賑之也。

葉子奇曰:四為下祿,故貧也。貧而守其貧之道,則得矣。苟或妄受人之振救,是為人之貨取也,豈能守其正乎。

陳本禮曰:金,夜。四為下祿而在少家,故貧。貧能自守其貧則正,乃欲妄干人之振己,其志鄙矣。

孫澍曰:貧乃士之常然,不為貧貧者或寡矣,妄振不亦宜乎。司馬公焉得人人而鄙諸。

鄭維駒曰：妄者期望也，《史記》以無妄為無所期望。四陰虛故貧貧，或望人之振，少而求多，不貞故也。

鈴木由次郎曰：一月十日，夜，金。貧貧，自表其貧。自己表現貧乏，求人救己，而妄自行動，不能守正直。

測曰：貧貧妄振，不能守正也。

范望曰：妄受振救，故不守正也。

葉子奇曰：孟子不受萬鍾，子思饑餓不能出門戶，慮妄振，所以守正也。

陳本禮曰：史稱子雲家無儋石之儲，晏如也，讀《逐貧賦》可以知先生之所守正矣。

文字校正：少首次四測辭：「貧貧妄振，不聽守正也」。范注本「聽」作「能」，《集注》本作「聽」。今按：當作「能」。《集注》曰：「當日之夜，不能守正」，是《集注》本原亦作「能」之證。《集注》本正文雖誤，而注文猶未誤。又，《集注》於此並無校語記各本異同，亦證《集注》本原與諸本不異。少首次四，為陽家陰贊，時當夜，此為少鐵之家，四又為下祿，故貧。「貧貧」，與次八「貧不貧」相對而言，四八皆貧，而有不同，四者貧而自旌其貧，不能安貧，八者實貧而其外強充不貧，故其辭皆咎。《太玄》認為貧則當安於守貧，方為正道，不能安貧而妄求振救，此為不守正道，故曰「不能守正」也。若作「不聽守正」，即謂不許守正也，則與《太玄》原意不合，此亦可證作「能」為是。

次五：地自沖，下于川。

范望曰：五為土而在土世，故稱地也。沖，虛也。家性為少，土而虛少，故受百川也。《易》曰：君子以虛受人，此之謂也。

司馬光曰：王曰：能正居中，又當晝位，如地之能自沖虛，下于川谷，川谷歸之，則為百谷王矣。光謂：五者福之盛也。地體卑沖，故百川就之，聖人謙損，故百祿歸之。

葉子奇曰：五屬土，故為地。地上川下，地尊川卑，以地而下于川，是以尊上而下于卑下，言能自謙也。

陳本禮曰：土，晝。

鄭維駒曰：山下於地，高者下也，地下於川，下者益下也，謙互坎為川。

鈴木由次郎曰：一月十一日，晝，虛一度，鵲始巢。土。沖，虛。地低而謙虛，故下於川谷。以喻人能仰從之。

測曰：地自沖，人之所聖也。

范望曰：必受邦國，為聖君也。

鄭維駒曰：堯舜之讓，禹之不伐，文王之望道未見，周公之握髮吐哺，聖也而天下歸之，人之所聖也。

次六：少持滿，今盛後傾。

范望曰：傾謂七也，盛為六也。六為水，七（萬玉堂本、《大典》、《四庫》本均作七，盧文弨校以為土誤為七，其說是）中最盛，莫多於水，故稱盛也。盛則盈，故傾也。

章詧曰：六為水，當冬至後二十日，冬，水王也，故曰持滿。時王即以盛言，以小人之道居謙少之時，而俾持滿，鮮克有終，故測謂其不足也。

司馬光曰：王曰：當自少之時，居極盛之位，位既當夜，德又失謙，謙虛之時，反欲持滿，今雖盛大，後必傾危。

葉子奇曰：六為盛多之極，消耗將然之地，故戒以謙。少而為持滿之道，庶幾其能久。然天道循環，未有盛而不傾者也。

陳本禮曰：水，夜。

俞樾曰：少持滿，今盛後傾：樾謹按：持乃恃字之誤，惟其以滿自恃，故今盛而後傾也。若作持滿，則與持盈同。《詩·鳧鷖》篇序曰：能持盈守成，《國語·越語》曰：夫國家之事，有持盈，有定傾，不當反以致傾危也。

鄭維駒曰：謙之四爻是互坎之上爻也。坎不盈祗既平，故少而持滿，水廢為六，故有今盛後傾之戒。

鈴木由次郎曰：一月十一日，夜，水。恃滿，諸本作持滿，從俞樾改持作恃。應該謙虛反而恃賴極盛盈滿，今雖盛大，後必傾危。

測曰：少持滿，何足盛也。

范望曰：盈則溢，故不足美盛也。

陳本禮曰：滿則溢，溢則潰，不能持久也。

次七：貧自究，利用見富。

范望曰：富謂八也，八為木，貧為七，七為火，火貧故利木富也。火非木不生，母大則子盛，故利木富也。

司馬光曰：七雖為消，而當日之晝，君子也。君子之貧也，求諸己而不求

人,是以人樂與之。故曰貧自究,利用見富。聘,問也。言富者自將問而與之,況見之乎。《論語》曰:義然後取,人不厭其取。

葉子奇曰:究,推究也。七為消,故貧。在晝陽,故能自推究其貧,非已所致,皆出于天,則必安分樂天,不至失已,則是君子也。如此則可以利用見富,而無忮求之失矣。

陳本禮曰:火,晝。究,推究也。七為消,故貧,富謂八,八為木,七為火,火貧故利木,富火非木不生,母壯則子盛,母富則子不貧,故利用見富也。

鈴木由次郎曰:一月十二日,晝,虛二度。火。向內於己推究所以貧之原因,而不只向外以求人,則富自至。

測曰:貧自究,富之聘也。

范望曰:子貧母富,故相求也。

葉子奇曰:非我求富,富求我也。

陳本禮曰:自究者其人謀不臧歟,四體不勤歟,抑我之不德,天厄我以困窮歟。撫躬自問,有則改之,無則加勉,則富將自至,故曰富之聘也。

次八:貧不貧,人莫之振。

范望曰:八,木之廢也,秋木葉落,葉落歸林,是其充富,枝枝扶疏,外以是貧,其實不貧,故莫振也。

司馬光曰:王曰:當少不少,當貧不貧,則人莫之振也。光謂:八為耗,又當夜,小人貧而強為不貧者也。如是則人誰振之,亦眾所賤惡也。

林希逸曰:居貧而不為貧之計,是以虛為盈者,人誰振貸之,喻當謙而不謙者。

葉子奇曰:八居耗中,是雖貧而不自以為貧,乃時詘舉贏,以自侈衒,人孰振之哉。

陳本禮曰:木,夜。

鄭維駒曰:八陰虛故貧,虛而為盈,故人莫之振。

鈴木由次郎曰:一月十二日,夜,木。振,救。貧而虛張聲勢,示人以不貧,人自不會救之。

文字校正:少首次八:「貧不貧,人莫之振」。范注:「不貧稱貧」,又曰:「外以是貧,其實不貧」。意謂次八實不貧而外表充貧以求振救。王涯注:「當

少不少，當貧不貧，則人莫之振也」。司馬光謂：「八為耗，又當夜，小人貧而強為不貧者也」。王與司馬意謂次八實貧而外充不貧，與范注意正相反。今按：范說非，司馬說是。《玄數》：「三八為木」，據《太玄》之意，三為木王，至八則廢，猶木之枝葉至春則生，至秋則落也。枝枚稀疏，廢衰之象，故八為貧。《玄數》又曰：「八為疾瘀，八為耗」，既疾且耗，故亦曰貧。又，次八之「貧不貧」，與次四之「貧貧」，句例相同，且皆當夜，辭例當咎。四之「貧貧」，范與司馬光皆讀為貧而貧，或貧其貧，言實貧而承認其貧，或實貧而以貧自居，故求振救，謂求人救己之貧。此不合少首謙卑之正道，故測辭曰：「不能守正」。次八之「貧不貧」，文例同次四，謂實貧而不承認其貧，實貧而外充不貧，如此則為眾人賤惡，無人振救之，故曰：「人莫之振，何足敬也」。貧而充不貧，亦不合少首謙卑之道，故次八辭意亦咎。次四次八，皆陽首陰贊，當夜，其辭例當為咎，辭既咎，則皆不合少首謙卑之道。反之，若次四次八之辭合乎少首謙卑之道，則不合乎《太玄》之例矣。若依范注所解，是謂貧不貧為以不貧為貧，實富而充貧，其讀與次四異（次四只能讀作貧而貧，不能讀作以貧為貧），則所讀前後矛盾。復以文意言之，富（不貧）充貧，以求振救，此其外表正為卑謙之象，合乎少首謙卑自損之道，若然則又不合乎《太玄》之例矣。以此可知范注有違於《太玄》原意。再者，《太玄》多有「某不某」之用例，各家（包括范氏）皆讀作「（實）某而不某」，如司馬光讀此為實貧不貧也，無有讀作「（以）不某為某」者，如范氏讀此貧不貧為「（以）不貧為貧」者，如戾首次七「女不女」，范注：「女而不女」，而不讀作以不女為女，兩處句式同，讀法亦同，不當互異。然則此「貧不貧」句亦當與「女不女」讀法同。

測曰：貧不貧，何足敬也。

范望曰：不貧稱貧，故不足敬也。

陳本禮曰：八為木之廢，秋木葉落歸林，其實內本貧而外充富，方且誇耀於人，故不足敬也。

上九：密雨溟沐，潤于枯瀆，三日射谷。

范望曰：金生水，故為雨。雨之細者稱溟沐，細密之雨能潤於枯瀆，況於谷邪。射，厭也。谷之受水而加以霖，故厭也。

司馬光曰：溟音脈。射，時亦切。范曰：雨之細者稱溟沐。小宋曰：溟沐，

猶霖沐也。光謂：小雨，至微也。枯瀆，至燥也。積潤不已，三日之後，乃至射谷。九處少之極，當日之晝，如君子積謙以至功名光大，非躁動而得之也。此言謙道收功之遠。

鄭氏曰：射谷，舊夷尺切。按：注云：厭也，三日射谷，謂谷已滿而厭其多也。

林希逸曰：枯瀆難潤，但有三日小雨，則有射谷之鮒矣，言謙久必益也。

葉子奇曰：密雨，細雨也。溟沐，雨細貌。九居少之極，是能極其謙者也。如雨之細，不覺其漬物之深。積日之多，忽成其注川之盛，是積小以致盛，積謙以致尊也。

焦袁熹曰：溟沐之雨，可潤枯瀆，積之三日，則射谷矣。谷以虛受，雨雖細，久則自足。射，厭也，足也。

陳本禮曰：金，晝。溟沐，猶震沐，小雨也。射，厭也，足也。

鄭維駒曰：山川出雲，地道之上行也，密雨射谷，天道之下濟也，溟沐者無聲之謂。坤為密，坎為雨為瀆。

鈴木由次郎曰：一月十三日，晝，虛三度。金。冥沐，小雨。枯瀆，乾枯的溝瀆。射，厭，足。細雨綿綿不停，亦潤枯乾溝瀆。三日而使谷厭足。謙遜之德積，則功名自會光大。

測曰：密雨射谷，謙之靜也。

范望曰：細以致多，猶謙以致尊也。

陳本禮曰：靜俟天。

鄭維駒曰：大造不言造化，工不言工，靜之至也。謙不鳴故靜。

戾

☰ 戾：陽氣孚微，物各乖離，而触其類。

范望曰：一方一州二部三家。天玄，陰家，六水，中上，象睽卦。行屬於水，謂之戾者，言陽氣信微而萬物乖離，射地而出，触類相將，故謂之戾。戾之初一，日入虛宿四度。

司馬光曰：一方一州二部三家。陰家，水，準睽。戾者，相乖反也。卵之始化謂之孚，艸之萌甲亦曰孚，然則孚者物之始化也。陽氣始化，其氣尚微，萬物之形粗可分別，則各以類生而相乖離矣，戾之象也。

林希逸曰：準睽，乖戾也。

陳仁子曰：戾者陽微交陰，乖戾不調也。人之情德不同者必異，志不侔者必離，苟至異而離焉，盛者固可滅，微者尤宜謹也。陽潛回於地中，陰尚壯於世外，再交地六之陰，所性不同，所遭亦異，是固乖之始，戾之的也。《易》因離兌之相會，寓戒乎睽，《玄》因陰陽之相交，致戒乎戾。凡異極於六，中和於八，所以免其戾而正也。傾邪於一，戾腹於三，所以慮其戾而不正也。曰戾與睽，聖賢其有憂乎。

葉子奇曰：觸，感也。物各自生，或前或後，故曰乖離。同類者則相感而同出也。戾之初一，日入虛宿四度。

陳本禮曰：陰家，六，水，中上，卦準睽。《傳》：此天一陽水，化而為陰水也。陰水性本虛邪，況戾世而萬物之射地而出者，各秉陰水乖戾之氣，互相恃強爭鬥，此時陽氣孚微不能制陰，故各乖離而觸其類也。

孫澍曰：外火內澤，戾準睽，《太玄》以天地萬物男女而乘鬼神。

鈴木由次郎曰：第六首，陰，六水，一方一州二部三家。戾，相互背反。陽氣誠為微弱，而不能抑陰氣，萬物皆乖離，而同類相助。

文字校正：戾首首辭：「陽氣浮微，物各乖離，而觸其類」。《道藏》本「觸」作「離」，他本皆作「觸」。按：當作「觸」。此即《易·繫辭傳》「觸類而長之」之「觸」也。范注：「萬物乖離，射地而出，觸類相將」。集注：「萬物之形粗可分別，則各以類生」。《太玄》之初，中首之時，陽氣潛萌，混沌未分，萬物未生，不分彼此。經周首之「陽氣周神，物繼其彙」，礥首之「陽氣微動，物生之難」，閑首之「陽氣防閑於陰，物咸見閑」，少首之「陽氣澹然施放，物能自鐵」，至戾首則「陽氣孚微始化」，萬物生動，各依其性而長，互相乖離，射地以出，至此萬物之形始可分別，各觸其類而生長。楊雄仿《易》造《太玄》，此正取用《繫辭》「觸類而長」之意。范注、《集注》皆是。《道藏》本之《集注》本，而與嘉慶本異者，或涉上句「物各乖離」而誤。且《集注》於此無校語，知《集注》本原與范注本文字無異，皆作「觸」也。

初一：虛既邪，心有傾。

范望曰：家性為戾，水無乖離〔戾〕，故虛也。赤〔亦〕（《闡秘》作初，當為一，查《玄數》篇可知下人是指一）為下人，人下而邪，故心傾也。乖戾之家，每事失正，故危也。

章詧曰：一為夜，小人也，小人之心不誠不正，故曰虛邪。邪則傾而不正，故測謂懷不正。

司馬光曰：虛者，神之所宅也。一，思之微也，居戾之初，當日之夜，虛邪則心傾矣。

葉子奇曰：一當暌戾之始，思心之初，乃以虛偽邪枉為思，則其心喪矣。

陳本禮曰：水，夜。一在戾世，水力不實，故虛。水性無定，故邪。水流就下，故心傾也。

鄭維駒曰：實由於虛，形生於心，虛心之發，乃有實形，毫釐千里，既邪有傾之謂。

鈴木由次郎曰：一月十三日，夜，水。心虛而邪，不得正而傾。

測曰：虛邪心傾，懷不正也。

范望曰：其危在心，故不正也。

葉子奇曰：其凶可知。

陳本禮曰：其危在心，不能正也。

次二：正其腹，引其背，酋貞。

范望曰：酋，就也。貞，正也。腹以喻內，背以喻外，自內及外，自近及遠，君臣道正，故就貞也。

司馬光曰：范曰：酋，就也。腹以喻內，背以喻外。光謂：若先正其內以引其外，則不相乖戾而皆就正矣。是故君子正心以待物，修身以化人，齊家以刑國，治國以平天下。

葉子奇曰：范望曰：腹以喻內，背以喻外。二在下之中，故欲其正腹背以均齊。在戾之時，故欲其合內外以為一，所以酋貞也。《玄》以罔直蒙酋冥五字，擬《易》之乾元亨利貞。此貞字即利字，乃利貞也。後倣此。

陳本禮曰：火，晝。酋，就也。貞，正也。腹以喻內，背以喻外，君臣各正其道，故不致乖離而觸其類矣。

鄭維駒曰：引者相避去之謂，腹相向則背相去。酋貞者，人皆得其正也。暌上離為大腹，下兌伏艮，艮為背，故稱腹背。

鈴木由次郎曰：一月十四日，晝，虛四度。火。酋，就。先正其內（腹），引其背皆就正。心正而待物，修身以化人。

測曰：正其腹，中心定也。

范望曰：內外以正，故定也。

次三：戾其腹，正其背。

范望曰：乖戾之家，動失其實，不正其內，而正其外，故腹戾也。

司馬光曰：小人心不正而求物之正，身不修而責人之修，舍內而求外，棄本而逐末，是以中外乖爭，而陷於敗亂也。二三皆思也，故以正腹戾腹言之。

葉子奇曰：在戾過中，是不能正其內也。內既不正，徒欲正其外，則何益哉。此小人陰為不善而陽欲掩之者也。

陳本禮曰：木，夜。

鄭維駒曰：戾其腹，腹相違，正其背，背相觸也。

鈴木由次郎曰：一月十四日，夜，木。其心不正，而求物之正，其身不修，而責人之修。

測曰：戾腹正背，中外爭也。

范望曰：中外不同，故致爭也。

葉子奇曰：爭，乖也。

鄭維駒曰：初一爭之端，次三爭之著也。

次四：夫妻反道，維家之保。

范望曰：四者兌位，故為妻，陰也。所尊則為夫也，夫在其外，妻在其內，故反道也。各反其事，則家道正，故可保也。

司馬光曰：夫治外，妻治內，道相戾也。然而內外相成，以保其家。四為下祿而當晝，故有是象。

葉子奇曰：男外女內，男剛女柔，是反道也。苟循此道，則為保家之道也。倘或婦專夫職，夫聽婦行，則為家之索矣。

陳本禮曰：金，晝。男外女內，男剛女柔，是為保家之道。四為陰金，金性堅剛，是女任男事，家行屬水，水性懦弱，是男代女事，皆非正道。幸逢福始當晝，故能夫婦各反正道，則其家有不保者乎。

孫澍曰：《易》曰：男女睽而其志通也。

鄭維駒曰：鍾惺曰：男正位乎外，女正位乎內，各得其正則家道成。補：睽六三兼互坎離，故稱夫妻，猶漸九三互坎離稱夫婦也。反耳而不能正室，反道而可以保家，睽之時用以同而異也。

鈴木由次郎曰：一月十五日，晝，虛五度。成人之日。金。夫外出工作，妻在家治內。各自守其事，反有利於保家。

測曰：夫妻反道，各有守也。

范望曰：各守其正者也。

葉子奇曰：君行臣職，臣專君政，其失一也。

文字校正：戾首次四測辭：「夫妻反道，各有守也」，《道藏》本「各」作「名」，他皆作「各」。今按：作「各」是。《集注》：「夫治外，妻治內，道相戾也，然而內外相成以保其家」。是言夫妻各有其道，以相成也，故曰「各有守也」。「各」字正與夫妻之語相應，可證。《集注》原意即謂夫妻各有所守，《道藏》本亦《集注》本，其字不當與注文異，《道藏》本原亦當作「各」，無奈《道藏》本印製不良，筆劃常有不現者而呈空白狀。此作「名」者，蓋即「各」字末劃印而未現之故也。

次五：東南射兕，西北其矢。

范望曰：五為土，土生金，故為弓矢。牛，土畜也，故為兕。家性為乖，兕在東南，而矢西北，明其乖也。

司馬光曰：射，時亦切。首，舒救切。宋曰：首，向也。光謂：五以小人而居盛位，舉措大繆，不能服猛者也。故曰東南射兕，西北其矢，言失其所向也。

林希逸曰：兕在東南，矢射西北，事相違戾，何由有功。

葉子奇曰：五雖在中，居夜之昏，故其繆戾背馳至于如此也。

陳本禮曰：土，夜。射音石。巽為東南，乾為西北，巽之六四曰田獲三品，故射兕於東南也。今西北其矢，悖其道矣，悔亡之象也。

鄭維駒曰：坤為牛，故於五土稱兕，離生於東，位於南，故東南射兕。離又為矢，互坎月生於西，位於北，故西北其矢。五土王，四方亦有東南西北之象，水火交戰，中無適主，故外無定向也。

鈴木由次郎曰：一月十五日，夜，土。兕，似野牛，青色，一角之獸。欲射東南之兕，反而射矢於西北。方向錯誤。

測曰：東南射兕，不得其首也。

范望曰：首，向也。乖戾之家，失其所向也。

葉子奇曰：首，向也。

陳本禮曰：首，向也。

鄭維駒曰：不得其首者，群疑生也。

次六：準繩規矩，不同其施。

范望曰：水者平，平，齊也，故為準規。家性乖離，所施各異，故不同也。

司馬光曰：王本乖作孤，今從諸家。王曰：準繩規矩，曲直方圓，雖乖戾不同，各有所施，終得其道，此亦得戾之宜也。光謂：準平繩直，規方矩圓，所施不同，皆可為法。君子出處語默，其跡不同，而皆合於道。六為上祿而當晝，故有是象。

葉子奇曰：六為福崇，大人居戾之時，能以不器之才，如準平繩直，規圓矩方，不同其施，而各適其用也。

陳本禮曰：水，晝。準繩所以為平直，規矩所以為方圓，六為水，水之灌注川澤陂氾，無方無定，故其施不同。家之不齊，由於準繩不直，規矩不平，若欲直之平之，須如水之不同其施也。

鈴木由次郎曰：一月十六日，晝，虛六度，雉始雊。水。準，測平之器。繩，測直之器。規，測圓之器。矩，測方之器。諸器各施其用，表面有異，實際皆能合道合法。

測曰：準繩規矩，乖其道也。

范望曰：所施不同，故道乖也。

葉子奇曰：乖言其不同也。

陳本禮曰：乖其道謂不同其施，時當戾世，世道人心無不乖異，故君子齊家治國，迹雖不同，然於經權常變之道不能不易地而施也。

次七：女不女，其心予，覆夫謂。

范望曰：七為仲女，乖戾之家，故不女也。七，陽位也，故稱夫。謂，謀也，予，我也，我謂五也。心在於五，欲下求正陽，婦人之義，無非無宜〔儀〕，今七為女而與外〔夫〕謀，故曰不女也。

司馬光曰：謂，須與切。予與與同。王曰：謂，智也。光謂：夫倡婦和，道之常也。今乃乖戾，棄同即異，女則覆夫之智，臣則敗君之功，大可醜也。

鄭氏曰：予，我，按：《佩觽》云：喪予之予，弋汝切，本無餘音。朝廷之廷，徒勁切，本無亭音，讀若余、讀若亭者，皆後世變古也。經言女不女，其心予，覆夫謂，注訓為我，而語叶韻，則無餘音，於此可見弋汝切者是也。謂，舊私呂切，材智之稱。按：字當作諝。

葉子奇曰：予，上聲。諝，私呂切，謂同謀也。七在乖戾之中，陰夜之地，是女而不盡其為女之道，其心外騖，乃他所予，反其夫而謀也。不正之甚，豈不大可醜哉。

陳本禮曰：火，夜。諝音醑，謀也。七逢夜陰，而在乖戾之家，故不女也。予，與也。言人有所欲心無不肯也。八木乃其夫，今乃背夫而與他人私謀，不正之甚，故曰大可醜也。

俞樾曰：女不女，其心予，樾謹按：予猶我也，女子從人者也，今其心惟知有我，斯不女矣，所以覆夫諝也。范注曰：予，我也。得其旨矣。又曰：我謂五也，則未必然。溫公謂予與與同，非是。

鄭維駒曰：睽互離，七又為火，故稱女。乘坎夫上，火水未濟，有火澤相睽之意，故女不女，而反其與夫相和之道也。其心予者，自用之詞。輯，車輿也，見礥上九注。覆夫輯，甚於輿脫輻矣。

孫詒讓〔註15〕曰：女不女，其心予，覆夫諝。俗諝字，集注本作諝。范注云：諝，謀也。予，我也。司馬光云：予與與同，王涯云：諝，智也（集注）。案：唫初一云：唫不予，丈夫婦處，測云：唫不予，人所違也。王涯云：唫，閉而不與物接，丈夫而效婦人之處室也（集注）。此云女不女，其心予，與彼文相反而義正同。諝與壻通，蓋予者與外人晉接之謂，此乃丈夫之事，今女而不守女道乃有丈夫之心，宜其覆夫壻矣。諸家注並未得其義。

吳汝綸：諝，范本作諝，私呂切，才智之稱。王樹楠云：《方言》：諔誺，與也，《廣雅》作予。

鈴木由次郎曰：一月十六日，夜。火。諝，謀，有才智。女不象女，自我之心過強，則其心不正，而其行醜。結果覆其夫之謀。

文字校正：戾首次七：「女不女，其心予，覆夫諝」。《集注》本「諝」作「諝」，范本作「諝」，按：當作「諝」，范本原亦當作「諝」，抄手訛「諝」。范本《釋文》作「諝」，而其小注曰：「私呂切，才智之稱」，據此音義，則字當作「諝」。《說文》言部：「諝，知也」。大徐音私呂切。《廣韻》：「諝，才智之稱，私呂切」，是其證。「諝」字或作「胥」，如《周禮·天官·序官》、《地官·序官》、《春官·序官》、《秋官·序官》、《大行人》等，皆作「胥」，鄭注：

〔註15〕引自孫詒讓《札迻》卷八，光緒二十年刊本。所引注皆范望注，所據版本為明萬玉堂刊本范望《解贊》，並引司馬光集注及俞樾《諸子平議》之《太玄平議》。

「胥者，有才知者也」。可知訓才智者乃「諝」字之義。然則范本《釋文》當作「諝」。又，范注：「諝，謀也」，「諝」字無訓謀者，「諝」字訓謀，如《淮南・本經》：「設詐諝」，高注：「諝，謀也」，可證范本原亦作「諝」也。盧校：「『覆夫諝』，即『諝』字。《周禮・天官》注：『胥讀如諝，謂其有才知』，『胥』字後人往往作『肯』，如《尚書大傳》『胥餘』作『肯餘』，《釋文》：『諝，私呂切，才智之稱』，於韻亦協。乃校者因舊本訛作『諧』，音七入切，和也，辨也，不可從。」此說是。「予」，當讀作「與」，二字古通。《方言》十三：「埤，予也」，郭注：「予猶與也」。《一切經音義》三引《三蒼解詁》曰：「予，此亦與字」。《荀子・成相》：「外不避讎，內不阿親，賢者予」，《大略》：「然而有所共予也」，楊注俱謂「予讀為與」。《詩・干旄》：「何以予之」，《論衡・率性》作「何以與之」。《詩・采菽》：「何錫予之」，《白虎通・考黜》作「何錫與之」，《廣雅・釋詁》三：「予，與也」。《爾雅・釋詁》：「台、朕、賚、畀、卜、陽，予也」，郭注：「與猶予也」。《禮記・曲禮》上：「生與來日」，鄭注：「與，或為予」。《詩・皇矣》：「此維與宅」，《漢書・郊祀志》下、《谷永傳》皆作「此惟予宅」，《論衡・初稟》作「此惟予度」。《左》定十年傳：「朱其尾鬣以與之」，《漢書・五行志》下之上作「朱其尾鬣而予之」。《論語・顏淵》：「君孰與足」，《漢書・谷永傳》作「君孰予足」。此皆「予」「與」互通之例。《方言》六：「誣諭，與也，吳越曰誣，荊楚曰諭」。是「與」「誣」義通。誣，欺也，妄也。《廣雅・釋詁》二：「誣，欺也」。《禮記・曾子問》：「故誣於祭也」，鄭注：「誣猶妄也」。《大戴禮記・曾子立事》：「喜之而觀其不誣也」，盧注：「誣，妄也」。是其證。「淹」與「誣」義通，《方言》十：「摩或謂之諭」，郭注：「諭言誣也」，然則「與」亦當有欺妄之義也。「與」可訓謀，《論語・述而》：「惟我與爾有是夫」，《釋文》：「與，謀也」。欲欺之，必以詐謀，故「欺」之與「謀」，義亦相通，是亦證「與」有欺義。《淮南・本經》：「設詐諝」，《周書・成開》：「雖謀生詐」。知欺、詐、諝、謀、與，義皆相通也。次七贊辭：「女不女，其心予，覆夫諝」者，謂妻者女而不女，其心欺詐，欲圖謀覆其夫也。故測曰：「女不女，大可醜也」，謂女子不守妻道也。

測曰：女不女，大可醜也。

范望曰：女而不女，故可醜惡也。

陳本禮曰：此豈責當時淫女之詞，蓋刺漢廷懷二心者，外若貞操守不字之節，而暗實私通於莽，如劉歆、甄豐輩，故曰大可醜也。

次八：殺生相矢，中和其道。

范望曰：生為兕也，九克於八，故殺生也。矢，乖也，射兕東南而矢西北，故相乖也。八在上中，故和也。

司馬光曰：范本午作矢，今從諸家。午，古啎字，逆也。八為剝落，有殺物之象，天有殺生，國有德刑，其道相逆，不可偏任，必以中和調適其間，然後陰陽正而治道通也。一曰：午，交午也，殺生往來相交午也。

葉子奇曰：矢，直也。言其殺生相直，各得其宜，以其在上之中，故得中和之道如此也。

陳本禮曰：木，晝。生，兕也。相矢者相其所向之方，不至東南射而矢西北，則其道左矣，況殺惡獸誅叛逆，固不在乎猛烈，恐反受其噬，莫若中其度，和其弦，驅而納諸罟獲穽穿之中，令其自死而無怨也。

俞樾曰：殺生相午。樾謹按：范本作相矢，然其注云：矢，乖也，則疑矢乃失字之誤。因其下云射兕東南而矢西北，故乖，後人遂改失為矢，不知范引次五之文以說此贊，射兕東南而矢西北，正見乖失之意，今改經作相矢，改注文作矢乖也，不可通矣，必非范本之舊。諸家本作相午，違啎之與乖失，義亦不甚遠耳。

鄭維駒曰：陽主生，陰主殺，次八陰數陽時，似相違忤，而能無偏倚無乖戾，以得其殺生之道也。

鈴木由次郎曰：一月十七日，晝，虛七度。木。相失之失，諸本作午或作矢，從俞樾改作失。殺與生，其道相違，兩者得中和，陰陽正，治道通。

文字校正：戾首次八：「殺生相矢，中和其道」。盧校：「『牛』訛『生』」。今按：盧說非是，當作「生」，不作「牛」。范注：「生為（當作謂）兕也，九克於八，故殺生也」。《集注》：「天有殺生，國有德刑」。是二家皆作「生」。《集注》於此字無校語記諸本異同，可知諸家皆作「生」。今之范注本、《道藏》本、嘉慶本、《備要》本、鄭維駒本、《闡秘》本亦皆作「生」，是其證。《集注》本「相矢」作「相午」，范注本作「相矢」，盧校：「『午』同『啎』，訛『矢』。」俞樾以為當作「矢」。今按：當作「午」。宋衷、陸績、王涯、宋惟幹本皆作「午」，惟范本作「矢」，乃「午」之訛。范注：「矢，乖也」，此說可疑。矢，箭矢，引申有陳施、直正等義，而無訓乖者。范注此訓乖者，實當為「午」字也。《說文》：「午，啎也。啎，逆也」。「午」又通「忤」，《淮南·天文》：「午者忤也」。《漢書·蕭望之傳》：「繇是大與高恭顯忤」。注：「忤

謂違逆也」。是「午」可訓違逆。違逆與乖戾義可互通，《說文》：「乖，戾也」，《漢書·張耳陳餘傳》注：「戾，違也」。《荀子·非十二子》：「言辨而逆」，注：「逆者乖于常理」。《素問·通評虛實論》：「氣滿發逆」，注：「逆者謂違背常候，與平人異也」。《禮記·大學》：「而違之俾不通」，注：「違猶戾也」。是違、逆、乖、戾互通之證。午既可訓違逆，故亦可訓乖戾，可知范注原文當作「午，乖也」，此亦證正文原當作「午」。此為戾首，《玄錯》：「戾相反」，《玄衝》：「戾內反」，故相午即謂相乖戾、相違反。殺之與生，既相忤戾，故需中和其道，以中為界也（測辭）。若作「殺牛相矢」，或作「殺牛相失」，非但不辭，復與中和其道、中為界也及戾首首義不合。此亦可證作「牛」、作「矢」、作「失」者之非是。《集注》：「八為剝落，有殺物之象，天有殺生，國有德刑，其道相逆而不可偏任，必以中和調適其間，然後陰陽正而治道通也」。司馬光以德刑釋殺生之義，其說是。

測曰：殺生相矢，中為界也。

　　范望曰：雖其乖，猶以中和，自界限也。

　　葉子奇曰：中言無過不及之差。

　　陳本禮曰：中乃中地也。

　　鄭維駒曰：不言和者，和由中出也。

上九：倉靈之雌，不同宿而離失，則歲之功乖。

　　范望曰：倉者東方靈神，神為歲星也。五星失度，則妖祥生，妖祥生則歲功不登也。

　　司馬光曰：倉靈，木之精，歲星也。其雌，金之精，謂太白也。《漢書·天文志》：歲與太白合則為白衣之會，為水。太白在南，歲在北，名曰牝牡，年穀大熟。太白在北，歲在南，年或有或亡。此言金木性殊，同離一宿則有變，邪正道反，同處一朝則有亂。九處戾之極，逢禍之窮，當日之夜，故有是象。

　　鄭氏曰：倉靈，倉者東方，以色言之，則當作蒼，古字省，故通用。宿，舊音秀。按：宿者舍。離，舊音麗。按：離者去也，故謂離失，言離其次，失其度也。是星行之乖也。

　　林希逸曰：倉靈，木星也。其配為太白金星也。金木相配，而不可以同二十八宿之度。太白在南，木星在北，名曰牝牡，歲則大稔。金木合為白衣之會，歲大水。言事有相戾而吉者。離，麗也。作，為也。失則為敗也。

葉子奇曰：倉靈，木德歲星也。雌，伏也。宿，二十八宿也。離，附麗也。言歲星伏而不合于宿度，而附麗經緯失躔，則歲功乖也。以其居戾之上，故以天象之戾言之。

陳本禮曰：金，夜。倉靈，木精歲星也。雌者金精太白也。宿，次舍也。五星在天連綴相貫，倘或乖離失次，則歲功不登。九處戾之極而當夜，為禍之窮，故不同宿而離，失歲功乖也。臣民離失，上下心乖，則國何以為國乎，此為漢哀帝發也。

鄭維駒曰：《左傳》：裨竈云：火水，妃也，然則土木妃也。倉靈為木，其雌則土，季冬後十八日，土用事，睽外卦實當其期，（此八九二贊為小寒之第十二日）。時春氣將動，木在地中，而與土離失，則一歲之功不成，其為戾不亦大哉。

鈴木由次郎曰：一月十七日，夜。金。倉靈，木之精，歲星。雌，金之精，太白星。宿，星宿。五星，在天若背離而失其次，則其歲穀物不實。《漢書‧天文志》：「歲（星）與太白合，為白衣之會，為水。太白在南，歲（星）在北，名牝牡，年穀大熟。太白在北，歲（星）在南，年或有或。」倉靈（歲星）與雌（太白星），若不同一星宿而背離，則其歲穀物不成熟。

測曰：倉靈之雌，失作敗也。

范望曰：年歲不豐登，故敗也。

陳本禮曰：《漢書‧天文志》：歲與太白合為水，太白在南，歲在北，則年穀大熟，太白在北，歲在南，則年穀或有或無。

江紹原曰：此贊句法，亦仿《周易》離九三，然以司馬注考之，中句似當作「同宿而離」方合，何哉？子雲殆本云「倉靈之雌（此「之」似訓與，故與樂上九末句「之」同，而與樂上九首句以及《周易》離九三首句二「之」不同），同宿而離（此離讀麗，或不離失而同宿，此離讀離散之離），則歲之功乖」歟？今本殆司馬以後的淺人所妄改，以求有合於本書樂上句以及周易離九三句型歟？參看《月令》「司天日月星辰之行，宿離不貸。」沈欽韓注《漢書》引戾上九贊辭，無所是正。

上

⚏ 上：陽氣育物于下，咸射地而登乎上。

范望曰：一方一州三部一家。天玄，陽家，七火，上下，象升卦。行屬於

火，謂之上者，小寒之氣，萬物為陽氣所育養於下，皆射地而上，故謂之上。上之初一，日入虛宿八度也。

司馬光曰：上，時掌切。陽家，火，準升。入上次七，日舍危三十六分一十五秒，大寒氣應。射，時亦切。

鄭氏曰：上，是掌切，升也。按：上訓高者，是亮切，訓升，是掌切，下訓卑者，胡買切，訓降者，胡嫁切。高卑之為上下者，一定之體也。升降之為上下者，不定之用也。古人辨此甚嚴，學者亦宜分別。上象升卦，故用此音。

陳仁子曰：上者陽欲奮而升也。凡陽性至健，未有不伸者。龍躍而至天者，象乾也。竹生而鑽石者，質剛也。人特扶而護之耳，故陽與君子類。陽欲其上不使之藏，君子欲進不使之退。《易》因坤體巽下，陰既沉滯而陽騰則為升，《玄》因陰家地六，陰離乖戾而陽愈騰，則為上。故三曰出谷階天，幸之也，二曰自治，四曰妄升，六曰堂，七曰臺，謹之也，陽豈終抑而不升哉。

葉子奇曰：射，其勢自下而上，物生象之。上之初一，日入虛宿八度。小寒之氣。

陳本禮曰：陽家，七，火，上下，日舍危，大寒節應，卦準升。射音石。《傳》：此地二陰火化而為陽火也，火性炎上，故萬物之在土中者，藉陽火之力咸努芽向上，如射地者然登升也。

孫澍曰：咸，感也。凡物之精感日而生，本實育于下，柯葉漸於上。上準升，《太玄》以茂乘乾，母萬物。

鈴木由次郎曰：第七首，陽，七火。一方一州三部一家。陽氣育養萬物於下，植物借陽氣之力而出芽，自土中上升，恰如陽氣射地。

初一：上其純心，挫厥鋤鋤。

范望曰：家性為上，而在火世，火性炎上，故曰鋤鋤也。以水克火，故曰挫也。水性專一，故稱純心也。

司馬光曰：鋤，音讒。王曰：鋤鋤，銳進貌。光謂：一為思始而當晝，能以純一之心日就月將，不失和悅，以至高大，挫其銳進躁急之志，是以求道則得道，干祿則得祿。《老子》曰：挫其銳。

鄭氏曰：鋤，舊音漸。按：集韻：鋤鋤，銳進貌。

葉子奇曰：鋤音占，鋤鋤，物銳貌。一在升時，居下，不憂其不進矣，特恐其進之之意太銳，況其在思之始，苟能純謹其心，而自挫其鋤鋤之銳，使渾然無圭角，則善矣。

陳本禮曰：水，晝。鋤音讒，鋤鋤，銳進也。

鈴木由次郎曰：一月十八日，晝。虛八度。水。鋤鋤，銳進貌。尚其純粹之心，挫其躁而急進之心，不可失其和悅之心。

測曰：上其純心，和以悅也。

范望曰：純心自抑，故和悅也。

陳本禮曰：君子能以純一之心孕育萬物，挫其銳進躁急之志，日就月將，自然高大，故和以悅也。

鄭維駒曰：升互兌，兌初曰和兌吉。

次二：上無根，思登于天，谷在于淵。

范望曰：上家火世，二亦火也，故思登于天。雖其欲上，當由其本，進而無根，雖得高位，所不貴也。

司馬光曰：范本活作治，今從諸家。谷，窮也。凡物有根則能生，人有德則能升。二為思中當夜，躁於進取，其志欲登於天，而不免窮在於淵，猶木無根而上生，終不能自活也。

葉子奇曰：逢夜居陰，不得陽氣，是無根也。谷既在下，淵尤下也。凡物必本立而後生，至其盛大，自然有聳壑昂霄之勢。今無其本而思欲上登于天，胡可得也。吾恐其欲上而愈下，欲高而反卑矣。故曰谷在于淵。

陳本禮曰：火，夜。

俞樾曰：思登于天谷在于淵，樾謹按：谷當作谷，字之誤也。谷者卻之借字，古文以聲為主，卻從谷聲，故即以谷為之。《廣雅·釋言》：卻，退也，卻入於淵，猶退入於淵也。思登天而退入淵，正由上無根之故，今字譌作谷，失其義矣。

鄭維駒曰：二、四時數皆陰，故無根登於天，妄思也。天下惟無根者有妄思，谷在於淵，則何益矣。巽為谷，在兌澤下，故淵。

鈴木由次郎曰：一月十八日，夜。火。谷，位於最下者。窮，極。根柢不深固，徒以盛壯意氣而欲登天，就會陷於困窮而破滅。

文字校正：上首次二：「上無根，思登于天，穀在於淵」。俞樾曰：「『穀』當作『谷』，字誤也。『谷』即『卻』之借字」。今按：俞說是。「穀」「谷」二字，不可混為一。《說文》谷部：「谷，口上阿也，從口，上象其理」。大徐其虐切。穀部：「穀，泉出通川為谷，從水半見出於口」，古祿切。《太玄》當作

其虐切之「谷」，以為「卻」之借字（《說文》：「卻」，去約切，「卻」「谷」聲
同，故可通假），而非古祿切之「穀」，以為溪谷之穀。此二字形近，極易訛誤。
《廣雅‧釋詁》一：「谷，笑也」。王念孫《疏證》：「『谷』，各本訛作『穀』，
唯影宋本不訛」，是其例。《集注》：「其志欲登於天，而不免窮在於淵」。《詩‧
桑柔》：「進退維谷」，毛《傳》：「穀，窮也」。《詩‧穀風》：「昔育恐育鞠」，毛
《傳》：「鞠，窮也」。「谷」「鞠」古音近而通，維谷之「谷」即「鞠」之借字。
司馬光以穀為窮，知其讀作山谷之穀也，是宋時《太玄》「谷」字已訛為「穀」
矣，或涉次三「出於幽谷」而誤。

測曰：上無根，不能自治也。

范望曰：不進以道，亡之原也。

鄭氏曰：自活，戶括切，生也。上無根，自進不以道也，不能自活，是亡
之原也。活作治者，誤。

文字校正：上首次二測辭：「上無根，不能自治也」。《集注》本「治」作
「活」，范注本作「治」，盧校：「當作『活』」。此說是。活訓生，《詩‧載芟》：
「實函斯活」，箋：「活，生也」。《楚辭‧天問》：「巫何活焉」，注：「活，生也」。
是其證。次二贊辭：「上無根，思登於天」，言欲上而登於天，然其下無根基。
下無根基，則不得逞其欲，而必至於死，不能生（活）也。故測曰：「上無根，
不能自活也」。若作「不能自治」，則與贊辭文意不合。又，范注曰：「不進以
道，亡之原也」，不能活，故曰亡，是范本原亦作「活」。且「活」與初一測辭
「和以悅也」之「悅」字為韻，作「治」則不協，此亦可證。活、治二字形近
易訛，《老子》：「愛民治國」，《釋文》：「『治』，河上本作『活』，帛書乙本作
「栝國」，「栝」即「活」，帛書「活」皆作「栝」，此即「活」訛作「治」之例。
《集注》：「范本『活』作『治』」，是宋時范本已誤。

次三：出于幽谷，登于茂木，思其珍穀。

范望曰：三，木之王，故茂也。十一月之時，陽氣始胎，到春而王，故言
出于幽谷登茂木也。三為進人，終必登高而享天祿，故思珍穀也。

司馬光曰：宋曰：方，則道也。王曰：珍穀，謂草木之實可食而珍美者。
光謂：珍穀喻美道也。君子棄惡就善，舍邪趣正，如鳥出幽谷而登茂木也。三
為思上，故曰思其珍穀。《詩》云：出自幽谷，遷于喬木。孟子謂陳相曰：吾
聞出於幽谷遷于喬木者，未聞下喬木而入於幽谷者也。

葉子奇曰：三當畫，陽升時，居下之上，是能上者也。故出于幽谷，登于茂木，宜乎思其美祿也。

陳本禮曰：木，畫。鳥尚知遷而思珍穀，況於人乎？

鄭維駒曰：鍾惺曰：背陰向陽之象，故得祿。補：茂木夏長，珍穀秋實，而要自春始。出於幽谷，向春陽也。既出而登，則思非妄思矣。升互震為百穀，故曰珍穀。

鈴木由次郎曰：一月十九日，畫。虛九度。木。鳥出幽邃之谷，而登茂木，欲食珍美之實，所進方向不誤。

文字校正：范注本上首次三：「出於幽谷，登於茂木，思其珍穀」。《集注》本「茂」作「茂」。今按，當作「茂」，范本作「茂」，誤。《說文》艸部：「茂，艸豐盛，從艸，戊聲」，知此字從戊不從戌。《說文》：「戊，斧也」。《釋名·釋天》：「戊，茂也，物皆茂盛也」。《白虎通·五行》：「戊者茂也」，知言茂盛之義者當書從戊而不可從戌也。字書無「茂」字，益知不當作「茂」也。《詩·小雅》：「如松柏之茂」，《爾雅·釋木》：「如松柏曰茂，如槐曰茂」，《漢書·敘傳》：「支葉碩茂」，皆言樹林之茂盛。《太玄》此贊亦言茂木，與此諸「茂」字用例一也。贊辭「出於幽谷，登於茂木」，乃化用《詩·伐木》：「出自幽谷，遷于喬木」之句，喬木故曰茂。

測曰：出谷登木，知向方也。

范望曰：出谷登高，所向方遠也。

次四：即上不貞，無根繁榮，孚虛名。

范望曰：四者兌，兌為口，口舌之人而在上世，上不以正，故言虛名。親承於五，而非實也。

司馬光曰：即，就也。榮，木華也。四為福為祿，故曰就上。當日之夜，故曰不正。夫以不正而得祿，猶木無根而有榮，雖其繁多，何可久也，信惟虛名而已，無益於實也。《論語》曰：不義而富且貴，於我如浮雲。二在下體，欲升而不能得者也，四居福祿，雖升而不以正者也。

葉子奇曰：陰而不中，是就上而不以正也。譬之無根之木，而有繁盛之榮，猶人之實德則病，而虛譽反隆也。故曰孚虛名。

陳本禮曰：金，夜。

鄭維駒曰：次二在淵，不上也，不上猶可，即上而不貞，有求在淵而不可得者矣。

鈴木由次郎曰：一月十九日，夜。金。榮，木之華。妄升於上位而不正，正似無根而華多，終不結實，誠為虛名。

測曰：即上不貞，妄升也。

范望曰：處非其正，故言妄升也。

次五：鳴鶴升自深澤，階天不怎。

范望曰：木（盧校作土，當作土）在水下，故稱深澤。五在中中，為天子位。怎，慙也。《詩》云：鶴鳴九皋，聲聞于天。五處天位，以其先治聲名，然後升高，猶舜耕歷山而升天位，處之以正，又何慙乎。

司馬光曰：怎珉作同。階猶登也。五為中和，又為盛福，上之至美者也。君子之道闇然而日章，雖聲聞於天，亦無所愧。《詩》曰：鶴鳴於九皋，聲聞於天。

葉子奇曰：怎，音怍。鶴，能高飛之禽也。《詩》曰：鶴鳴于九皋，聲聞于天是也。五當陽而得中，是能升者也。故曰鳴鶴升自深澤，階天而上，有其德有其位，又何怍乎。

陳本禮曰：土，畫。怎同怍。鶴，澤鳥。階，級也。階天猶登天之有梯也。《詩》曰：鶴鳴於九皋，聲聞於天。五位得中當陽，有其德有其位，雖升階登天，又何怍乎。

鄭維駒曰：互震為鵠，古鵠、鶴通，兌澤在地中，故深。鶴鳴於深澤，不求聞於人也，而可聞於天，由近及遠，自下而上，又何怍矣。

鈴木由次郎曰：一月二十日，畫。虛十度。土。怎同怍，慚。鶴鳴聲出自深澤而聞於天，毫無怍愧。

文字校正：上首次五：「鳴鶴升自深澤，階天不怎」。范注：「《詩》云：『鶴鳴九皋，聲聞于天』」，盧校：「何焯云：『澤協鶴，《詩》鶴鳴於九臭，臭，古澤字，即《易》所謂鳴鶴在陰也。深澤為陰，臭皋相類，故誤為皋。皋非澤，失之遠矣。』」何稱「臭」為古之「澤」字，是也。《說文》：「臭，大白澤也」。段氏以為「澤」字衍，有理。此字從大，從白，古文以為「澤」字，何氏即據此而言。然何氏以為《詩》當作「臭」，而不當作「皋」，謂皋非澤，則非是。《詩·小雅·鶴鳴》：「鶴鳴於九皋，聲聞於野」，又曰：「鶴鳴於九皋，聲聞於天」，皆作「皋」，「皋」即「皋」，一字異體。《說文》：「皋，從白，從本」，段注：「皋有訓澤者，《小雅·鶴鳴》《傳》曰：『皋，澤也』，『澤』與『皋』析言

則二，統言則一，如《左傳》『鳩藪澤牧』，隰、皋並舉，析言也，《鶴鳴》《傳》則皋即澤，澤藪之地，極望數百，沆瀁畠漾，皆白氣也，故曰皋。」又曰：「『皋』與『臭』同音」，又曰：「『皋』『臭』義相近，音同，『皋』『臭』皆古老切，音同可通。此諸字皆可訓澤，古籍中例證甚多，不煩列舉，如何說「皋非澤」，失之遠矣，未察「皋」「澤」之義通，則知其說非是。

測曰：鳴鶴不怎，有諸中也。

　　范望曰：以道居官，得人之中心也。

　　葉子奇曰：有其德也。

　　鄭維駒曰：鼓鍾於宮，聲聞於外，有諸中之謂也。

次六：升于堂，顛衣到裳，廷人不慶。

　　范望曰：六為宗廟，故稱堂也。宗廟之中，威儀以禮，今乃顛倒衣裳，朝廷之人不善之也。

　　司馬光曰：王曰：衣下曰裳。慶，喜也。六為上祿，故曰升於堂。當日之夜，小人而居君子之位者也，故曰顛衣到裳。小人在上，則下皆不悅，故曰廷人不慶。

　　葉子奇曰：堂，高顯具瞻之地。六居中之上，是升于堂也。然已過中，故顛倒其衣裳，威儀不正，而在廷之人不以為善也。

　　陳本禮曰：水，夜。堂為衣冠之地，廷人具瞻之所，六過中而當夜，以小人而居君子，故儀容不整，衣裳顛到，失大眾之望矣。

　　鄭維駒曰：乾為衣，坤為裳，歸妹六五其君之袂，震袂也。娣之袂，兌袂也。震兌之袂皆裁乾衣而成，今震兌在下，是顛其乾之衣矣。坤在上，是倒其裳矣。乾為慶，無陽故不慶。廷人者，坤為眾也。次六時數皆陰，陰而未明，其何以昇堂乎。

　　鈴木由次郎曰：一月二十日，夜。水。升於殿堂，衣裳倒穿，朝廷之人見之不喜。此喻以小人而居君子之位者。

測曰：升堂顛到，失大眾也。

　　范望曰：廷人不善，故失大眾也。

次七：升于顛臺，或柱之材。

　　范望曰：臺謂八也，七當上往，八有高危之狀，故稱臺也。高危必墜，而有良輔以自柱，故言或柱之材也。

司馬光曰：范、小宋本拂作弗，今從宋、陸王本。拄，陟主切。拂，古弼字。七在上體而為敗損，故曰升於顛臺。然而當日之晝，雖在衰危而得良輔，如將顛之臺，拄以良材，則高而不危也。

葉子奇曰：七為敗陰而居上，是升于顛敗之臺也，宜其得危。以其逢陽而吉，故或人助其柱之材，而防其危也。

陳本禮曰：火，晝。

鄭維駒曰：臺累坤土而成，而以震巽之木為之撐。拄維臺之輔，以顛之故，是以求材於下也。玄數二七為臺。

鈴木由次郎曰：一月二十一日，晝。危一度。大寒。雞始乳。火。升於將顛之臺，然柱是良材，故無危險。若有賢良輔弼，則國堅不亡。

測曰：升臺柱，輔弗堅也。

范望曰：處高終顛，故弗堅也。

葉子奇曰：終不若不柱弗顛之之為善也。

陳本禮曰：拂同弼。

文字校正：范注本上首次七測辭：「升臺柱，輔弗堅也」，嘉慶本、《備要》本「柱」作「拄」，贊辭同，《道藏》本作「柱」。《集注》本「臺」下有「得」字，「弗」作「拂」。今按：當作「拄」、「拂」，當有「得」字，范本訛「柱」、「弗」，脫「得」字。贊辭：「或拄之材」，意謂拄之以材。范注：「有良輔以自柱」（亦當作「拄」），《集注》：「將顛之臺，拄以良材」。范注、《集注》其意相同，皆解為動詞。柱，《說文》：「楹也」，乃名詞，拄從手，為動詞。且《集注》於此字無校語，知其當時所見諸本無異文。復據文意及注，知諸家原本皆當作「拄」，今嘉慶本作「拄」，猶存《集注》本原貌，而《道藏》本、萬玉堂范本則皆訛為「柱」矣。《說文》不收「拄」字，然《戰國策》諸書已用之。《戰國策・齊策》：「大冠若箕，脩劍拄頤」，《禮記・喪服大記》：「拄楣塗廬」，《爾雅・釋草》：「柱大搖車」，《釋文》：「『柱』，本或作『拄』」。《漢書・朱雲傳》：「連拄五鹿君」，《西域傳》：「以道當為拄置」，皆是其例。「拄」之義謂支撐，《西域傳》師古注：「拄者支拄也」，《國語・周語》：「天之所支不可壞也」，韋注：「支，拄也」。支、拄互訓，是拄有支義。《集韻》：「拄，掌也」。《正韻》：「拄，掌也，支也」。《正字通》：「撐，或作掌」，是掌、撐通。《文選・司馬相如長門賦》：「離樓梧而相撐」，李注：《字林》曰：『撐，拄也』」，《後漢書・列女傳》：「屍骸相掌拄」，《古樂府》：「死人骸骨相撐拄」，「拄」與「掌撐」連文，可證

「拄」亦有支撐之義。「撐」，古常寫作「撐」，古今寫法不一故也。《太玄》此
處作「拄」，即用其支撐之義，謂以良材為輔弼而支撐之。測辭「升臺得拄」，
乃贊辭「升於顛臺，或拄之材」之省文（顛臺，范訓高臺，較之《集注》訓以
「將顛之臺」於義為長，今從范注），若無「得」字，於贊辭不合，於測辭亦
不通，知當有「得」字。「輔弗堅」，是謂輔弼不堅，然則不足支撐高危之臺。
而范注、《集注》皆謂有良輔以自拄，拄以良材，則高而不危，既有良輔良材，
如何弗堅？顯與贊辭之意不合。且上首次七乃陽首陽贊，時當晝，依《太玄》
通例辭當休，「弗堅」則為咎辭，亦與《太玄》通例不合，可知作「弗」無理。
《道藏》本作「拂」，是，《廣雅·釋詁》四：「拂，輔也」，《荀子·臣道》：「有
能抗君之命，竊君之重，反君之事，以安國之危，除君之辱，功伐足以成國之
大利，謂之拂」。楊注：「拂，讀為弼」。由此可知《太玄》輔、拂二字義通，
謂輔弼也。《賈子·保輔》：「潔廉而切直，匡過而諫邪者謂之拂」，意同《荀子》，
亦謂輔弼也。然則《太玄》此測之辭當作「輔拂堅也」，如此始合贊辭之意，
又合《太玄》之例。「拂」之本義謂拭也，去也，見《廣雅·釋詁》及《儀禮·
士昏禮》等注，即拂拭除去塵埃之意。君之輔弼，乃助君去過除邪，除辱安危
者，猶為拂除拭去塵埃，故「拂」字又有輔弼之義。范注：「處高終危，故弗
堅也」，是晉時「拂」已誤為「弗」，故范氏作此語。而此意與贊辭之注不合，
自相矛盾。究之，范注《太玄》，測注沿用宋衷、陸績二家舊注，其餘諸文始
以己意注之，故有相乖舛違戾者，此其一例。

次八：升于高危，或斧之梯。

范望曰：八為木，故稱梯也。或謂九也，九為金，故稱斧。梯而見斧，故
知其危也。

司馬光曰：王曰：八居遷遇之地，位且當夜，而務進不已，如升高履危，
而或斧去其梯，欲求復下，不可得矣。光謂：八為禍中而當夜，象小人驕亢於
上，不恤士民，如升高斧梯，危莫之救矣。士民者，國之梯也，君以賴尊者也。

葉子奇曰：八在禍中，上而將極，高而無輔也。故升高危。而或斧其梯，
言下無民也。

陳本禮曰：水，夜。

鄭維駒曰：巽為木，為高梯象，或斧之者，兌金在下也。

鈴木由次郎曰：一月二十一日，夜。木。升於高危之處，有人以斧斷梯，
此喻失云民心，民為國之梯。

測曰：升危斧梯，失士民也。

范望曰：終於危墜，故失士民也。

陳本禮曰：梯斧而國危矣。

上九：棲于菑，初亡後得基。

范望曰：九，秋位，萬物之所歸，故稱棲。金在火世，故為初亡，見災為懼，故得基也。

司馬光曰：菑與災同。居物之上，故曰棲。九為禍極，又為殄絕，故曰棲於菑。然當日之晝，是得賢人而為之助者也，豈唯救亡乃可以立國家之基也。《詩》曰：樂只君子，邦家之基。一曰菑當作椔，木立死曰椔。棲于枯木，孤危之甚也。

鄭氏曰：所謂棲菑得基者，言棲於菑患而得基，是危懼改修之效也。

葉子奇曰：菑，槁木也。故上之極，如棲于菑木，既極必通，故初雖亡而後得基也。

陳本禮曰：金，晝。緇同椔，椔，槁木也。九為禍極而在火世，金遇火克，故初亡也。後得基者，謂得日之晝，槁木逢陽，枝葉復生，如獲賢人之助，不但救亡，並可立邦家再造之基也。

鄭維駒曰：坤為殃，上九禍終，故為菑。勾踐棲於會稽似之。

鈴木由次郎曰：一月二十二日，晝，危二度。金。菑同椔，枯木。棲於枯木，此孤獨危險之喻。初有亡，後則陽氣萌而生枝葉，得賢人之助，而得國家再建之基。

測曰：棲菑得基，後得人也。

范望曰：改過脩善，得天下之心也。

干

䷘ 干：陽氣扶物而鑽乎堅，銘然有穿。

范望曰：一方一州三部二家，天玄，陰家，八木，上中，亦象升卦。行屬於木，謂之干者，大寒氣也。銘，陷聲也。言是時陰氣堅乎上，陽氣扶萬物，下而鑽之，則銘然而穿，故謂之干。干之初一，日入危宿三度也。

司馬光曰：陰家，木，準升。干者，上而有所干犯也。諫說者以言干上，故干有諫說之象。范、王本作陽氣扶物而鑽乎堅，今從二宋、陸本。銘，音閤。

宋曰：鉿，陷聲也。光謂：是時陰氣猶堅於上，故陽氣扶萬物，如鑽之鉿然有穿也。

林希逸曰：準升，干進之意。

鄭氏曰：鉿當音恰，與刱同。《集韻》：刱，乞洽切，陷也。

陳仁子曰：干者陽若有求而奮也。夫陽有必伸之理，特陽而純陽，是為從類，其升也皆正，陽而雜陰，是為非類，其升也以駁。《玄》上與干均象《易》升也，而干與上似不同。上之《玄數》為天七之陽，干之《玄數》為地八之陰，故上則本健而必伸，干則有所求而始伸。《玄》曰：干，狂也，道不順也。四之直道，六之貞馴，行正也。三之匪貞，七之何戟，九之浮雲，行不正也。一正一不正，而休咎不同，兼二首之義以思其升也亦異矣。

葉子奇曰：鉿，公合切。扶物言陽氣助物之進也。鉿，陷聲也。蓋天包地外，氣行地中，雖翹肖喘奐之虫，甲拆勾萌之類，雖甚柔弱，縱有至堅之地，亦必鑽穿而出，蓋陽氣為之助也。以此見氣剛而形弱，氣實而形虛也。干之初一，日入危宿三度，大寒氣。

陳本禮曰：陰家，八，木，上中，卦準升。鉿，古泠切。《傳》：此天三陽木，化而為陰水也。干者冒犯也。鉿，透堅聲也。是時陰氣猶堅凝乎上，陽氣漸壯有力，故能扶物而鑽之，鉿然有穿者，陰木力壯更得陽扶，突然冒土而出，故鉿然有穿也。

俞樾曰：陽扶物如鑽乎堅，樾謹按：范、王本作陽氣扶物而鑽乎堅，溫公從二宋、陸本，然諸首辭多言陽氣者，如中首曰：陽氣潛萌于黃宮，周首曰：陽氣周神而反乎始，礥首曰：陽氣微動，閑首曰：陽氣閑於陰皆是也，范、王本作陽氣未始不可從。至如與而古書通用，二宋、陸本作如鑽乎堅，即而鑽乎堅也。增首云：日宣而殖，二宋、陸本亦作如，溫公於彼不從於此從之，何歟？

鄭維駒曰：升互兌，兌為金，故曰鑽、曰斧、曰鍵、曰戟，為口，故曰大諫曰言。鉿然有穿，言木之升如兌金之銳也。

鈴木由次郎曰：第八首，陰，八木。一方一州三部二家。干，干犯。鉿然，穿透堅物之聲。陰氣猶堅凝於上，陽氣漸盛而有力，助萬物衝斷障礙，穿透堅物鉿然有聲，而出洞穴。

文字校正：干首首辭：「陽扶物如鑽乎堅，鉿然有穿」。范注本作「陽氣扶物而鑽於堅」，增首首辭：「陽氣蓄息，物則增益（范本二字誤倒，益與息、殖

為韻），日宣而殖」。王涯本、宋惟幹本作「陽茲蕃息」，宋衷、陸績本作「日宣如殖」。今按：二首首辭皆當作「陽氣」，「茲」字衍文。《集注》本、王涯本、小宋本脫「氣」字。干首當作「如」，不作「而」，增首當作「而」，不作「如」。綜觀《太玄》八十一首，自中至應四十一首，其首辭皆言陽氣如何如何，自迎至養四十首，其首辭皆言陰氣如何如何，知此為《太玄》通例。若首辭既言陰，又言陽，二者對稱，則言氣與否均可，如竈、大、文、禮、常諸首，皆不言氣，而遇、唐、度諸首則言氣，此又為變化也。然干、增首首辭非其類，則當合乎通例而作「陽氣」。宋衷、陸績、范望注本皆有「氣」字可知。而、如，古雖有通用之例，然二字各有本義，自不可等同視之。察干、增二首文辭之意，當以干首作「如」、增首作「而」於義為長。「茲」字衍文，蕃、息皆可訓為滋，「茲」與「滋」通，謂生長增益。然則此「茲」字恐為後人旁注之語而誤入正文者也。

初一：丸鑽鑽干，內隉厲。

范望曰：家性為干，動輒干時，水性滔渝〔淪〕，鑽土而下，故曰鑽也。土可鑽入，故內隉厲也。

司馬光曰：丸者，流轉無所不入者也。佞邪之人，研求人心，得其間際，從而說之，以納其非，則無所不入，此國家所以危也。孔子曰：惡利口之覆邦家者。一為思始而當夜，故有是象。班固《答賓戲》曰：商鞅挾三術以鑽孝公。

葉子奇曰：丸，圓物，鑽宜用尖，乃以丸而鑽于內隙，有隉而已，何可穿也。

陳本禮曰：水，夜。史稱平帝嗣位，太后臨朝稱制，莽以外戚媚事太后者萬端，賂遺左右，動以千萬數，又諷單于令遣王昭君女入侍以悅太后，此所謂丸鑽鑽于內隉也。

孫澍曰：隉，古隙字，《說文》：壁際孔也。干準升，君子以楨幹特立，弼乂匡時。

鈴木由次郎曰：一月二十二日，夜。水。丸，圓丸，隨處可滾而入。鑽，穿穴鑽入。用力鑽洞而入，但有間隙則危。

文字校正：干首次一：「丸鑽，鑽干內隉，厲」。《集注》本「干」作「于」，范注本作「於」。今按：當作「于」，「干」乃「于」字之壞，測辭作「于」可證。《道藏》本「隉」作「隙」，當作「隉」，《集注》於此字無校語，知各本字

無異文。范本作「陳」，《集注》本既與范本無異，則亦當作「陳」。「隙」「陳」二字音近，可通。《水經·澮水》注：「陳侯亭，世謂此亭為卻城」，蓋「陳」「卻」聲相近，是「陳」「卻」音近也。「卻」又與「隙」音同，見《廣韻·集韻》，故「隙」「卻」古亦通用，如《周禮·黨正》注：「至此農隙」，《釋文》：「『隙』本作『卻』」，《禮記·三年問》《釋文》：「『隙』，本作『卻』」。《左》襄十八年《傳》注：「宋盟有衷甲之隙」，《釋文》：「『隙』，本作『卻』」，皆其證。可知「陳」「隙」二字音近可通。《說文》、《廣雅》、《廣韻》、《集韻》收「隙」字而無「陳」字，古籍亦多用「隙」字，「陳」字罕見，楊雄喜用僻字，故作「陳」而不作「隙」也。

測曰：丸鑽干內，轉丸非也。

范望曰：丸猶專也，轉心不專，故非也。

鄭氏曰：丸猶專也。按：《說文》：圜傾反而轉者，從反仄，然則豈可訓專乎。聞之師曰：丸無圭角，則不能鑽，其鑽於內而遇陳屬，若能專一，亦可穿矣。心不專者轉而之他，則失之道，故曰轉丸非也。陳與隙同。

葉子奇曰：轉其丸以求穿，胡可望其入也。

陳本禮曰：鑽於外人或可以共見，鑽於內，於人所不知之地，則苟且無恥，無所不至矣，故曰非也。

鄭維駒曰：凡果核將發萌芽，必轉身於土中，使其仁之端上向，然後能達於外。今陰晦在初，核不得乘陽外向，轉而向內之際，是雖若丸之轉，而其轉實非也。康成《說卦》注：震為反生，謂生而反出也，其轉丸之義歟。

次二：以微干正，維用軌命。

范望曰：火性燥暴，其世為干，故能犯上，干其非義，順納其言，故正也。

司馬光曰：范、王本測無維字，今從二宋、陸本。宋曰：謂大諫其事在微時。王曰：二位當畫，知諫諍之道，當及事之幾微而干之，則易為功，然後以正道維持之，則能用軌法之命矣。光謂：二為方沮而當畫，故有是象。孔子曰：諫有五，直諫為下。度君而行之，吾從諷諫矣。軌，法也。志在正君之號令，使應法度也。

鄭氏曰：干正犯顏曰干，弼違曰正。

葉子奇曰：軌命，法言也。以微小之臣，而進正論，惟當用法度之言，庶有從也。二逢陽得中，故能如此。

陳本禮曰：火，晝。微者奄尹小臣也。軌命，法言也。以奄尹小臣而欲犯顏直諫，君必不納，軌用法言，如循車之轍迹，利而順導之也。

鄭維駒曰：巽為命，坤為輿，故曰軌命。言微言上，干由上下巽順合德，巽與之言，即合於法語之言，故曰軌命。臣進於君亦曰命，如說命是也。

鈴木由次郎曰：一月二十三日，晝。危三度。火。軌命，法度之言。諫言應進于事微之時，如此則正，而可用法度之言。

測曰：以微干正，大諫微也。

范望曰：君能用諫，道之微妙也。

陳本禮曰：大諫不能入，故必待小臣以微詞動之也。

文字校正：《集注》本干首次二測辭：「以微干正，維大諫微也」。范注本無「維」字，司馬光曰：「范、王本測無『維』字，今從二宋陸本」。今按：「維」字衍，當從范注本作「大諫微也」。次二贊辭：「以微干正，維用軌命」。贊辭「維」字屬下，測止引贊之上句，此測辭通例之一，不當復引下句首一字，以為蛇足。「大諫微也」，即王涯所謂「知諫諍之道，當及事之幾微而干之，則易為功」及宋衷所謂「大諫其事在微時」之意也。大諫，謂功效大而無禍害之諫，若有「維」字，則文意不明。范注：「君能用諫，道之微妙也」，其說亦非。

次三：箝鍵挈挈，匪貞。葉作箝

范望曰：貞，正也。箝，乖也。鍵，折也。家性為干，動則干時，故乖。乖折之〔門〕關，故曰非正也。

章詧曰：三為夜，小人也，箝，關也。鍵，籥也。《方言》曰：自關之薄謂之鍵，自關之西謂之籥。三為小人而處於干世，不得干之道，挈挈然獨干關籥之門。《方言》曰：挈，時也，特，獨也。今三獨干匪正，故測曰干祿回也。范謂乖折門關，則迂矣。

司馬光曰：箝，渠淹切。宋曰：回，邪也。光謂：箝者，緘束使不得移。鍵者，固結使不得離。皆縱橫之術說人求合者也。《鬼谷子》有《內鍵》、《飛箝》篇。挈挈，急切貌。干，求也。祿，福也。言小人以術說人，急切求合，非正道也。《詩》云：愷悌君子，求福不回。

林希逸曰：《鬼谷子》有《內鍵》、《飛箝》篇。挈挈，急切貌。以術干說，欲求爵祿，非正道也。箝鍵用術，以箝束鍵固之，即縱橫之術也。箝，渠掩切。回，不正也。

葉子奇曰：箝，結，鍵，閉也。挈挈，自容貌。三而失中，故其緘默自容，但知專位固寵而已，何正之有？

陳本禮曰：木，夜。

鄭維駒曰：鍾惺曰：干祿不回，不回則貞。補：鍵牡閉牝，坤為閑為牝，鍵者兌金入坤閉之象，三在陰晦，是為邪曲之鍵，故箝而匪貞。古以板書曰挈，又與契通，挈契，刻入之意也。

鈴木由次郎曰：一月二十三日，夜，木。箝，鍵，皆縱橫之術，說人以合己。《鬼谷子》有《內鍵》、《飛箝》篇。挈挈，急切貌。玩弄術策，以求人聽從己說，此非正道。

文字校正：干首次三：「箝鍵挈挈，匪貞」，范注本、《集注》本皆作「葙」，范本《釋文》出「箝」，曰：「一作『箝』。」今按：當作「箝」。此用《鬼谷子·飛箝》篇之字與義。字書無從草的「葙」字，各本作從草的「葙」字，乃從竹的「箝」字之形訛。《鬼谷子·飛箝》篇注：「謂牽持緘束令不得脫也」。司馬光《集注》即據《鬼谷子》解釋此字：「緘束使不得移鍵者，固結使不得離」，唯字已訛，不復為「箝」字，《集注》於此字無校語，知原作「箝」，宋時猶未誤，今存《集注》本則已誤為從草之「葙」。鍵，本義鍵牡，引申而有閉鍵關鎖之義，與「箝」字義近，故以二字連文。《鬼谷子》又有《內鍵》篇，《太玄》「箝鍵」一語，當來自《鬼谷子》此二篇。「鍵箝」連文，亦可證當作「箝」，而不可作從草之「葙」。挈，持也，結也，《釋名·釋姿容》：「挈，結也，結，束也，束，持之也」。《荀子·議兵》：「掎挈司詐」，楊注：「挈，持也」。《莊子·在宥》，《釋文》引《廣雅》：「挈，持也」，皆其證。知挈之義亦與「箝鍵」相近。然則挈挈，當訓為持束固結貌，正狀「箝鍵」之語，如此解釋文意則通而無滯。范注：「箝（已誤為從草之「葙」），乖也，鍵，折也」，《集注》：「挈挈，急切貌」，皆未得其意也。

測曰：箝鍵挈挈，干祿回也。

范望曰：求祿不正，故回邪也。

葉子奇曰：回，邪也。

次四：干言入骨，時貞。

范望曰：四為言，骨論深也。入必以正，故貞也。

司馬光曰：干言，直言犯上者也。入骨論深切也。夫切直之言，不得其時

則自取怨咎，而無益於人，故君子貴於時正也。家性為干，四為福而當晝，故有是象。

葉子奇曰：骨論深也。四以陽明，故能進言之深如此，得時之貞也。

陳本禮曰：金，晝。貞者，時然後言之義。夫切直之言，不當其時，無益於人，徒自取怨咎而已，故君子貴於時貞也。

鄭維駒曰：巽為入金，類為骨，亦為入，二之諫微，四之道直時為之也。

鈴木由次郎曰：一月二十四日，晝，危四度，金。干言，直言。干，犯上。要讓上位之人聽進直言，必須當其時而言之。

測曰：干骨之時，直其道也。

范望曰：正諫直言，是其道也。

次五：蚩蚩干于丘飴，或錫之坏。

范望曰：坏，未成瓦也。五為土，故稱坏。丘，聚也。飴，美食也。家性為干，五處天位，當有坏〔《大典》有壞作清，是〕身約已，干祿百福，而反蚩蚩求非其正，故或錫坏土之辱，有似晉文求食五鹿獲塊，反國之慶也。

司馬光曰：飴，與之切。坏，音醅。范曰：飴，美食也。王曰：丘，聚也。光謂：蚩蚩，愚貌。丘以喻高大。飴，錫也，以喻甘美。坏，未燒瓦，以喻惡物。五以小人而干盛位，不度其德，如見丘飴之美利，不循己分而求之，則人皆賤惡而以惡物與之矣。

葉子奇曰：蚩蚩，無知貌。丘，冢也。飴饧，粥也。坏，土塊也。五雖得中，然在夜陰，不明于德，故蚩蚩然不知愧恥，而干求墦間之食，故人不之與，而或錫之以土塊也，可恥甚矣。孟子論乞墦，晉文公出亡，乞食于野人，野人與之塊，楊子取義于此。

陳本禮曰：土，夜。溫公曰：蚩蚩，愚貌。丘以喻高大。飴，錫也，以喻甘美。坏，未燒土塊，以喻惡物。五以小人而居盛位，不度其德而嗜利如飴，積如丘陵之多，無厭之求，故人皆賤惡而以土塊與之也。

俞樾曰：樾謹按：丘飴未詳何義，范注曰：丘，聚也，飴，美食也。溫公曰：丘以喻高大，飴，錫也，以喻甘美，其義皆似未安。丘飴疑甌瓵之借音，《說文》瓦部：甌瓵謂之瓵是也。甌從區聲，《禮記·曲禮》篇鄭注曰：嫌名謂聲音相近，若禹與雨，丘與區也。是古音丘與區同，故丘可讀為甌。至飴之與瓵，並從台聲，義更可通矣。范曰：未成瓦曰坏，溫公說同。所求者甌瓵，

而或錫之以未成瓦之坏，故測曰蚩蚩之干，錫不好也。坏之與甌瓵，實為同類之物，但不好耳，若釋飴為美食為錫，則與坏絕遠矣，豈楊子屬辭之旨乎？

鄭維駒曰：五為土，故稱丘壤。稼穡作甘，故曰飴。小人以甘干五，五受之積而為丘，且報之以壤，是進言者得賜土，而干者將愈眾也。蚩蚩，言其愚。

鈴木由次郎曰：一月二十四日，夜，土。蚩蚩，愚貌。坏，未燒之瓦，喻惡物。小人在於盛位，愚而無德，欲求如丘之大飴（飴喻利），人皆賤而惡之，予以土塊。

文字校正：干首次五贊辭：「蚩蚩」，范本此字缺中間一橫，為上中下虫，實為「蚩」字之壞，《集注》本不誤。《說文》：「蚩，蟲也，從蟲，之聲」，《說文》又有一字與之類似，上部為屮，下部為虫，《說文》釋此字為「蟲曳行也」，段玉裁認為當為「蟲申行也」，皆謂蟲行之事，知「蚩」與此字並非一字。范注、《集注》皆言小人非分之求，以「蚩蚩」狀其干求之貌，《集注》：「蚩蚩，愚也」，此亦「蚩」字之義，而與上中下虫之字無關，知范本實為「蚩」字之壞，《釋名·釋姿容》：「蚩，癡也」，此為音訓，《文選·文賦》注引《聲類》：「蚩，駿也」，《廣雅·釋詁》三：「駿，癡也」，《漢書·息夫躬傳》注：「駿，愚也」，《一切經音義》六引《蒼頡》：「駿，無知之貌」，可知蚩、癡、駿三字音近義通，故「蚩蚩」可訓為愚貌，司馬光訓蚩蚩為愚貌，即據此而言。此據字之義證當作「蚩」。又，《集注》於此字無校語，知宋時各本猶皆作「蚩」而無異文。然則范本原亦當作「蚩」，今作上中下虫者，「蚩」字之壞也。且「蚩蚩」二字為句，正與飴、壞協韻，蚩，之聲，飴，台聲，壞，不聲，古音同部（此據段玉裁分部，皆在第一部，此部王力分為之、職二部，而據《上古音手冊》，此三字皆在之韻）而為協韻字，而上中下虫之字為屮聲，讀若騁，粤聲，屮聲與粤聲古音據段氏分部不為一部，屮在第十五部，王力分為脂、微、物三部，粤聲在段氏第十一部，王力分為耕部，據《上古音手冊》，屮為月韻，粤為耕韻，亦與飴、壞之韻部甚遠，不可協韻，此亦證《太玄》原文非上中下虫之字也。

測曰：蚩蚩之干，錫不好也。

范望曰：見錫以土，故不好也。

陳本禮曰：錫不好者，明知其愚而愚之也。

鄭維駒曰：不好與離騷告予以不好同，言不美也。

次六：幹干於天，貞馴。

范望曰：六為宗廟，故干天也。馴，順也。干之以正，故曰貞馴也。

司馬光曰：馴，順也。六逢福而當晝，干而至於極大，如木之幹乃至於天，盛之至也。然以正順而致之則吉，以邪逆而致之則凶，故曰貞馴，順可保也。

葉子奇曰：馴，順也。六為盛大，故言幹。木上干于天，正而且順也。

陳本禮曰：水，晝。木得水養，故枝幹長大，上干於天也。《洪範》：木曰曲直，曲直者其貞也。馴，順也。順其曲直之性，而敷榮布葉，故得其正也。

鄭維駒曰：家性為木，木得水氣，巽木得兌澤之象也。順德積小以高大，故幹干於天，此馴致其道以得其貞者也。

鈴木由次郎曰：一月二十五日，晝，危五度。水。木之幹上升至於天，若正而順，則花開葉茂。

測曰：幹干之貞，順可保也。

范望曰：順正干君，何所不何也。保，安也。

陳本禮曰：順則枝葉扶疏，無撓折之患，故可久長也。

次七：何戟解解遘。

范望曰：遘，遇也。七為戈兵，故言戟也。在六之上，故稱何戟。解解，戟多之貌。七為無道之主，主而無道，多所逢遇，猶何戟解解多絓。絓，羅也。

司馬光曰：何，胡可切。解，胡買切。二宋、陸、王本遘作覯，今從范本。小宋解解作鮮鮮，今從諸家。光謂：何，擔也。小人之性多所干犯，如何戟而行，遇物絓羅，不容於道也。

林希逸曰：何與荷同，擔荷戈戟而行，解解然必與物相遇，言相抵觸也。行道之間，必不見容，言小人以非道而行，多抵觸也。解解，惹絆之意，胡買切。

葉子奇曰：戟，有枝兵也。解解，戟多貌。遘，遇也。七在衰亂之初，故言其何兵戟，解解然之多，而相遇也。

陳本禮曰：火，夜。何，上聲。解音蟹。引葉注。

鄭維駒曰：火屬離，離為甲兵，故曰戟。《玄數》：六為肩，在六之上，故言何。有枝曰戟，凡物之銳者易於進，今戟與戟遇，相枝格而不容於道，以七為夜人遘於陰晦故也。

鈴木由次郎曰：一月二十五日，夜，火。解解，紛雜貌。如同荷戟而行，遇于紛爭。

文字校正：干首次七：「何戟解解，遘」。《集注》：「宋、陸、王本『遘』作『觀』，今從范本」。「遘」「觀」二字古皆為菁聲，其音同義通，故可通用。《詩・柏舟》：「觀閔既多」，《釋文》作「遘」，又曰：「本作『觀』」，是陸氏所見本一作「遘」、一作「觀」。《漢書・敘傳》、《楚辭》十四則皆作「遘閔既多」，此二字通用之例。《說文》：「遘，遇也，觀，遇見也」，是二字義亦甚近，通言之則皆言遇也，析言之則有遇及遇見之別。然《太玄》原文當以作「遘」訓逆為善。《爾雅・釋詁》：「遘，逆也」。此謂有所逆犯也，正與上文「何戟解解」、測辭「不容道也」文意相貫，《集注》以為：「小人之性多所干犯，如何戟而行，遇物結羅，不容於道也」，仍以遇釋「遘」，似亦未得「遘」之義。

測曰：何戟解解，不容道也。

范望曰：解解多結，故道不容也。

葉子奇曰：不容道，言多也。

鄭維駒曰：不容於道，小人爭進之象。

次八：赤舌燒城，吐水于缾。

范望曰：赤舌謂九也，兌為口舌，八為木，木生火，火中之舌，故赤也。赤舌所敗，若火燒城。《詩》曰：喆婦傾城，口舌之由也。金生水，故吐水也，水滅於火，雖有傾城之言，以水拒之，災無由生矣。

司馬光曰：王本于作干，今從諸家。祟音粹，范曰：祟猶禍也。

林希逸曰：以赤舌而燒城，口中出火也。又能吐水於缾，變幻之術，能為吾祟，必有以解之。赤舌吐水，讒賊之喻，柳子厚有此賦。

何光《膠言錄》〔註16〕：赤舌，陽也，吐水，陰也，陰陽已分，則君子何以解去不祥。

葉子奇曰：赤舌，多言也。赤，火色，上言赤舌，故下順其義，言燒城即傾城也。八在禍中，故有佞人多言，是以傾城。幸當晝陽之吉，賴有吐水于瓶，少殺其焚城之勢也。

陳本禮曰：木，晝。赤舌燒城，猶眾口鑠金之意。小人架辭誣害君子，其舌赤若火勢欲燒城。燒城者，假象也。君子信理，不受其詐，吐水於瓶，亦假象也。彼以假火燒城，此亦以假水厭勝之也。陳明卿曰：句有紫金光聚。

孫濩曰：燒城謂眾口騰鑠也，水能厭火於瓶靜也。君子知者察事之不可以

〔註16〕據《大典》本錄入，不詳所出。

口舌爭，故緘默解禍，不甚吾君之過否，未信而諫，以為謗己也。前明議大禮，吾鄉楊升庵撼門三日哭，卒之無補於君親，徒為小人所祟，悲夫。《語》曰：箕子為之奴，大臣遭際不幸，有箕子之志則可，無則寧為比干。

鄭維駒曰：互兌為口舌，太乙九宮兌為七赤，人之口象缾，城者累坤土而成，赤舌燒之則將傾，此哲婦之祟也。惟吐水於口中則化災，為澤不惟保身且保國，非君子其孰能之。

鈴木由次郎曰：一月二十六日，晝，木。赤舌燒城，與眾口爍金同義。小人設詐以誣害君子，其言之盛，如赤焰燒城，故云赤舌燒城。吐水于缾，君子信仰道理，不受小人之詐，冷靜相對，如吐水于缾，以滅其焰。

測曰：赤舌吐水，君子以解祟也。

范望曰：祟猶禍也。以水解火，禍之散也。

陳本禮曰：祟，怪異也。赤舌之辭，無端造謊，誣衊正人，此所謂祟也。君子惟以不解解之，則祟自滅矣。

孫瀜曰：祟（祟）亦解也，學者詳之。

鄭維駒曰：八禍中故祟。

上九：干于浮雲，從墜于天。

范望曰：九在干世而為之終，終于富貴，求不以義，如浮雲也，不義而富，故墜于天也。

司馬光曰：王、小宋本經無從字，今從宋、陸、范本。王曰：處干之極，不能自反，位既當夜，窮而無之。如干雲不止，轉而上進，既失其道，乃墜於天，凶其宜也。光謂：九為禍極而當夜，故有是象。

葉子奇曰：九居干極，是干而上于浮雲，則已極矣，豈復更可上哉，則有上墜于天而已。此言人之求進不已，必有所失。蓋進極必退，盛極必衰，消息盈虛，自然之理。

陳本禮曰：金，夜。九為禍極而當夜，心貪求不厭，干于浮雲者，求不義之富貴也。夫躡虛空而求不義之富貴，必有傾跌之患，故上墜於天也。

鈴木由次郎曰：一月二十六日，夜，金。若求不義之富貴，則必顛落。

測曰：干于浮雲，乃從天墜也。

范望曰：不義之財，終墜落也。

陳本禮曰：俗語云：爬得高跌得重，此之謂也。

狩

☰ 狩：陽氣彊內而弱外，物咸扶狩而進乎大。

范望曰：一方一州三部三家，天玄，陽家，九金，上上，象臨卦。行屬于金，謂之狩者，陽氣在內而天〔大〕，陰氣在外，萬物扶狩而上，故謂之狩。狩初一，日入危宿七度。

章詧曰：狩之首，後之冬至四十日矣，陽氣有內盛而外微，萬物之氣已充於內，各扶狩而進。狩，進也。

司馬光曰：王本狩作狩，音佇。小宋作狱，音疏。陳云：一本作（左金右宁），丁呂切，一本作狱，所菹切。吳云：《說文》：狱，通也，從爻，從疋，亦聲。束疋守皆同聲，楊子用古字，字書多收不盡。狩狱與疏音義同。陽家，金，準臨。陸曰：臨、狩皆進貌也。小宋曰：狱，通也。光謂：狩，進也，大也。陽進而大，故曰彊內。陰氣猶盛，故曰弱外。扶狩，布散之貌。

鄭氏曰：狩，舊音疏，按：《集韻》：狩與疏同，通也，遠也。又丈呂、竹典二切，進也。竹典切者，讀如貯積之貯，丈呂切者，讀如佇立之佇。此皆有待而進者，未若通則進達則進為能進乎大也。用山於切乃合經旨。

林希逸曰：準臨，狩音疏，義同，進也，大也。

陳仁子曰：狩者扶疏而大也。是二陽為臨之候也。聖賢見陽之浸大則喜，見陰之浸大則憂，《易》之臨，剛浸而長，曰：說而順喜之也。《參同》之臨，臨爐施條，開路正光，光耀漸進，日以益長，亦喜之也。《易》以陽進而凌逼於陰曰臨，《玄》以陽進而疏大於陰曰狩，同一大也。《易》臨六爻皆無凶，獨六三雖號甘臨，亦以憂而無咎，故二之多欲，六之逝逝，八之厲，九之困，既幸之，尤戒之，蓋亦憂而無咎之說。

葉子奇曰：狩音疏，進而尚未至于盛，內雖強而外尚弱，故物尚未茂密，猶扶狩然，而將進于大也。狩之初一，日入危宿七度。

陳本禮曰：狩同疏。陽家，九，金，上上，卦準臨。狩，子雲用古字，字書多不收。《傳》：此地四陰，金化而為陽金也。金得陽力，故內彊，奘不敵陰，故外弱。扶疏布散之貌，此時物甫鑽堅，陽猶弱外，曰咸扶狩而進乎大者，是狀其初出土時形象。

孫澍曰：范叔明曰：陽氣在內陰氣在外，萬物扶狩而上，故謂之狩。狩準臨，《太玄》以冥澤溥物，可使南面。

鈴木由次郎曰：第九首，陽，九金，一方一州三部三家。狩同疏。狩字在首

辭同疏，扶疏之意，在贊辭則悉同狩，狩獵之意。扶疏，散布之意。陽氣在內強盛，然在外則陰氣猶盛，故在外為弱。然陽氣散布於萬物，由小而升進於大。

　　文字校正：《太玄》八十一首中有狩首，此字《集注》本、范注本同，據《集注》校語，此字王涯本作「狩」，宋惟幹本作「狋」，陳漸曰：「一本作金旁寧，一本作狋」，吳秘本作「狋」。盧校：「段玉裁云：『狩』非字體，當作『狋』」。今按：《說文》辵部：「狋，通也，從爻，從辵，辵亦聲」，又曰：「疏，通也，從㐬，從辵，辵亦聲」，可知此二字聲義並同，實為一字之異體。「疏」字漢時已有寫作「疏」、「踈」者，《廣韻》：「疏，通也，或作狋，俗作踈」，《集韻》：「狋，通也，或作作狩、疏、踈」，此皆「疏」字異體。從足者，乃「辵」之變體，《說文》：「辵，足也」，古文以為《詩·大雅》字，亦以為「足」字。是足、辵作為形旁，古原無一定。故「疏」字又從足從辵。《集注》：「束、辵、守皆同聲，楊子用古字，字書多收不盡，狩、狋與踈音義同」。其說是。或以《集韻》始見「狩」字，則《太玄》不當作「狩」，然《集注》引陸績曰：「臨、狩，皆進貌也」。是陸本已作「狩」矣。然則晉時已有此體，而晚至《集韻》始收入之，或如《集注》所言，諸字書收羅不盡故也。《集注》本作「狩」，乃從宋衷、陸績、范望本，此三家乃當時最古之傳本，最為可靠，故司馬光從之作「狩」，其餘諸體則皆訛字。作「狋」者亦非《太玄》原文，段玉裁所謂「狩非字體」之語，亦非是。

初一：自我匍匐，好是宜德。

　　范望曰：一為下人，始當升上，故匍匐也。宜，美也。家性為狩，狩曼〔慢〕而進，匍匐之貌也。宜德謂五也，五為君位，故眾下之心樂從之也。

　　司馬光曰：范本宜作宜，今從宋、陸、王本。匍匐者，雖未能行而志於進者也。一，思之微也，故曰冥。君子自微賤之時，人未之知，而己好是冥德，進而大之，匍匐而前，若將無有得行之時，言汲汲於進德不能待也。

　　鄭氏曰：匍，蓬逋切，匐，鼻墨切。匍，手行也。匐，伏地也。是進之狩慢者也。水之始達，其進如此。宜德，注云：宜，美也，蓋謂作懿也。

　　葉子奇曰：匍匐，孩提手足並行也。在九體，一為手足，故曰匍匐。宜，美也。言自幼少之時，即好此懿美之德，蓋生知安行之資也。

　　陳本禮曰：水，晝。匍匐，孩提不能站立，伏地而行之貌。我，陽自謂也。冥德，陰德，人所不知己獨知之，故曰冥也。一在金世，水生之初，即好行此冥冥陰德也。陰德者膏澤下於民也。

鄭維駒曰：冥未有形，此賢者少成若性也。

鈴木由次郎曰：一月二十七日，晝，危七度，水。匍匐，爬伏而行，幼兒之意。冥德，陰德，人不知而己獨知，故曰冥。微賤之時即積陰德，汲汲勵德。

文字校正：狩首初一：「自我匍匐，好是宜德」。測辭：「匍匐宜德，若無行也」。二「宜德」，《集注》本皆作「冥德」，「宜德」不辭，當作「冥德」，「宜」乃「冥」之形訛。《太玄》初一之贊辭多言幽冥，《玄》以幽隱冥藏不見為初始故也。如中首初一：「昆侖旁薄幽」，礥首初一：「黃純于潛，藏鬱於泉」，少首初一：「冥自少」，達首初一：「中冥獨達」，交首初一：「冥交於神」，傒首初一：「冥賊」，從首初一：「日幽嬪之，月冥隨之」，進首初一：「冥進否」，夷首初一：「載幽貳」，爭首初一：「爭不爭，隱冥」，更首初一：「冥化」，斷首初一：「冥其繩矩」，裝首初一：「幽裝」，眾首初一：「冥兵始」，密首初一：「大幽之門」，盛首初一：「失冥德」，遇首初一：「幽遇神」，大首初一：「淵潢澤，包無方，冥」，逃首初一：「滅其創跡」，減首初一：「善減不減，冥」，翕首初一：「狂衝冥」，積首初一：「冥積否」，晦首初一：「同冥獨見，幽貞」，成首初一：「成若否，其用不已，冥」，劇首初一：「骨累其肉，內幽」，馴首初一：「黃靈，幽貞馴」，難首初一：「難我冥冥」，養首初一：「藏心於淵」，等等，皆是其例。《玄文》：「罔、直、蒙、酋、冥」，是為《太玄》之德，如《周易》四德「元亨利貞」，又為《太玄》變化之五形，玄始於罔，終於冥，周而復始，迴圈不已。罔，未有形也。冥，有形則復於無形，故曰冥（《玄文》），罔、冥皆為無形，渾言之則無別，析言之則有始終之分，實為一事，皆幽隱無形、冥藏而不見也。知《玄》之罔冥、始終義實相通，自始言之則為罔，自終言之則為冥，罔之與冥，始之與終，實為一事。《太玄》各首初一贊辭多用「幽」「冥」二字，即用此義，表其初始之意也。狩之初一同之，亦當作「冥」，冥德也者，言其德行幽微不著，未為人知，故測曰：「若無形也」，贊之與測，一言德，一言行，德行實為一事，故互文以見義也。《周禮·師氏》：「以三德教國子」，鄭注：「德行，內外之稱，在心為德，施之為行」。《書·堯典》疏：「在身為德，施之曰行」，《左》桓二年傳：「昭德塞違」，《正義》：「在心為德，施之為行」，是德行者，一事而兩面也。《太玄》狩首之贊辭言德，測辭言行者，義與此同，「冥德」，「若無行」，文意相應，若作「宜德」，則不合矣，此亦可證當作「冥」。

測曰：匍匐宜德，若無行也。

范望曰：匍匐而進之者，若無人行也。

葉子奇曰：無行，無所矯怫，出自然也。

陳本禮曰：人不見其德，故若無行也。

次二：熒狩猛猛，不利有攸往。

范望曰：熒者，光明小見之貌。從一至二，道數至微，始當匍匐，狩而進取。猛猛，貪欲之意也。今而見其光明，後〔欲〕進承陽，失其家性，故不利有所往也。

司馬光曰：猛，他合切。范曰：熒者，光明小見之貌。猛猛，貪欲之意也。王曰：猛猛，犬食貌。

葉子奇曰：猛，他合切。熒熒，小明也。猛猛，貪欲之意也。二逢夜陰，陰主利，故其所明惟在貪欲也。貪欲則害人，放利則多怨，又豈利有所往哉？

陳本禮曰：火，夜。狩即狩。猛音括。熒為火光，熒狩者，火而夜獵也。猛猛，群犬爭食而吠也。不利有攸往者，《方言》曰：犬有不吠而噬人者名曰冷猛，往恐被噬也。按狩字一作扶疏，義解如首辭是也。一作狩獵，義解如此辭是也。按《爾雅》冬獵為狩，又火獵為狩，蓋狩字體與狩相似，或古字可通，存考。（以下各贊陳均以狩為狩解）

鄭維駒曰：此小人徇欲而動也。熒即《莊子・齊物》黃帝所聽熒之熒，頤四虎視耽耽，其欲逐逐，熒者耽耽之象。猛猛者逐逐之象。頤四欲養人，故無咎，此欲徇己，故不利也。

鈴木由次郎曰：一月二十七日，夜，火。熒，火之光，舉火而夜狩。猛猛，群犬爭食之吠聲。舉火夜出狩獵。群犬爭食而吠，若進行則被犬嚙。以喻貪利縱欲不顧後患之人。

文字校正：狩首次二：「熒狩猛猛，不利有攸往」。范注：「猛猛，貪欲之意」。王涯：「猛猛，犬食貌」（此據《說文》），皆未得其意。猛猛，當讀作呫呫。猛，舌聲，呫，昏聲，古音同部可通。《說文》：「呫，謘語也」，《一切經音義》十二引《字林》：「呫，誼語也」。《楚辭・疾世》：「鵾鵠鳴兮呫余」，王注：「多聲亂耳為呫」。《一切經音義》二一引《蒼頡》：「呫，擾亂耳孔也」。是呫有譁嘩騷擾之義。《太玄》以「呫呫」連文，用為狀語，言眾多微賤之人欲進而不相讓，猶如市人趨利，騷擾喧譁，其聲噪雜之貌也。測辭：「多欲往也」，即與此意相應，可為其證。又，熒者，小光也。小光喻微賤之人。狩首之義為進為大，然次二為陽首陰贊，時當夜，故言微賤之人趨利欲進，然則非好德之人進取之時，故贊辭又言：「不利有攸往」，此謂君子也。微賤之人眾多而皆趨

利若鶩，則必爭鬥，是其進必不能久，亦終不得進也。而好德君子則不與爭進，待時而動。狩首之義為進為大，首為陽，故其陽贊一、三、五、七、九，皆謂好德君子之進，陰贊二、四、六、八，皆謂好利小人之進。觀其贊辭，次二：「不利有攸往」，次四：「肥無譽」，次六：「利小不利大」，次八：「蚤虱之狩」，次二測辭：「多欲往也」，次四測辭：「往無方也」，次六測辭：「不可大也」，次八測辭：「不足賴也」，則其意明甚，然則次二之意亦可知矣。眊眊者，即狀小人爭進之貌，若依「猛猛」字義讀之，既與次二之意不合，又與全首之義相違，此亦可證當讀作「眊眊」方為文通理順。

測曰：熒狩猛猛，多欲往也。

范望曰：往故多欲也。

陳本禮曰：冬狩夜獵，人多欲往，貪利縱欲，而不虞其犬之能齧人也。

次三：卉炎于狩，宜于丘陵。

范望曰：三木故言卉，二，火也，火生土，土上之木，故宜于丘陵也。木之生陵，進長之道，故言卉。炎炎，盛大〔火〕之貌也。

司馬光曰：王曰：三位當晝，能扶陽而進，如百卉遇炎陽之氣，當狩進之時，宜其處于丘陵而下臨眾木矣。光謂：熒，火之微，炎則稍進矣。以短卉小火而能臨物者，以其託於邱陵，如君子之擇術也。《荀子》曰：西方有木焉，名曰射干，莖長四寸，生於高山之上，而臨百仞之淵。木莖非能長也，所立者然也。

葉子奇曰：三屬木，炎，盛而上進貌。三居下之上，是卉木盛而上進，葱鬱蔭覆，宜于丘陵也。

陳本禮曰：木，晝。卉，短草也。炎，野燒也，獵火也。宜於邱陵者，以短草之光而能照耀郊原者，其所處高也。

鄭維駒曰：三為木，臨二爻互震亦為木，臨重坤積土，故曰丘陵。處高者得地厚，向明者得天優，拱把之材可成楨幹，方寸之木，可干雲霄。三王之教胄必於學，孟母之教子以三遷，其宜於丘陵之謂乎。

鈴木由次郎曰：一月二十八日，晝，危八度，木。卉，短草。炎，燒野草，指狩獵之火。夜之狩獵燒野草，其光照丘陵而有輝，喻以短小而臨長大。

測曰：卉炎丘陵，短臨長也。

范望曰：短相臨長大之貌。

葉子奇曰：卉木短，丘陵長。

鄭維駒曰：小子有造，後生可畏，短臨長之謂也。

次四：矦于酒食，肥無譽。

范望曰：四為公侯，故有酒食之道也。酒食以成禮，過則伐德。家性為矦，矦而不止〔正〕，以至沈湎，故無譽也。

司馬光曰：四為下祿，小人學未優而仕，所進大者，酒食而已，故雖肥無譽也。

葉子奇曰：四在福初，昏暗不明，但知臨于酒食，充肥而已，復何有所譽哉。言其尸位素餐，無足稱也矣。

陳本禮曰：金，夜。四在福初而當夜，小人昏暗不明，但知漁獵酒食充肥而已，而於致君澤民之道無聞焉，體雖肥，何足譽耶。

孫澍曰：小人貪婪，惟酒食是議，身雖肥而學日膌，故民無得而稱譽之。方如仁之方之所謂術也，仕者古人服古人官以驗所學，飲食之人所求者哺啜，所期者屨足而已，南面以臨其民，斯無術哉。

鄭維駒曰：臨兌為口，四為下祿，故有酒食。陰為肉，兌為澤，故肥。苟肥身而已，福則有之，譽則無矣。次四為福始。

鈴木由次郎曰：一月二十八日，夜，金。耽於狩獵，飽於酒食，身雖肥而不足譽。

測曰：矦于酒食，仕無方也。

范望曰：唯酒無量，無常方也。

葉子奇曰：方，法也。陳本禮曰：方，法也。

鄭維駒曰：方猶道也，無方，仕不得其道也。

次五：矦有足，託堅穀。

范望曰：五，土也。土爰稼穡，故為穀也。亦為君位，在扶矦之家，故以足喻也。臨長四方，祿以養賢，故託之以堅穀也。

司馬光曰：王本穀作轂，今從二宋、范、陸本。穀、轂古字通用。王曰：五位當晝，而又居中體正，為矦之主。車堅馬良，可以周行天下，以此而進，何往不利哉？光謂：中和莫盛於五，五為福中，日又當晝，君子有中和之德，而又得位膺福，如足力已強，自可進大，況託堅轂，無所不之矣。

－130－

葉子奇曰：足，行道之體也。堅穀喻美祿。五以君而當陽，是其臨長四方，復有行道之資，宜其得託美祿也。

陳本禮曰：土，晝。穀同轂。五居中而當晝，為狩獵之主，有足者車堅馬良，宜其得禽之多也。

鄭維駒曰：臨象重震，又互震，震為足，為百穀，五為稼穡，故曰堅穀。五為福中，托堅穀者，天下之福由己福之也。狩有足，正與上無根對。

鈴木由次郎曰：一月二十九日，晝，危九度，土。狩獵之際，馬壯車固，所獲必多。喻君子有德則得位。

文字校正：狩首次五：「狩有足，託堅穀」，范注：「五，土也，土爰稼穡，故為穀也」。「穀」字范氏讀其本義，非是。《集注》：「穀、轂古字通用」，又曰：「如足力已強，自可進大，況託堅轂，無所不之矣」。是讀「穀」為「轂」矣，其說是。此二字古聲同，故常通假，如《呂覽・觀表》：「衛右宰穀臣」，《文選・廣絕交論》注作「轂臣」，《列子・天瑞》：「鷁之為布穀」，《釋文》：「『轂』，本又作『穀』」。《老子》：「孤寡不穀」（王弼本），《左傳》則通作「不穀」，《老子》傅奕本亦作「穀」，帛書甲乙本則皆作穀之左半，實為「穀」之省，是皆其例也。然雖知二字通用，此猶不能斷定其字，試以文意言之。狩首言進，同為進，則徒步不如乘車，此讀作「轂」者，以轂喻車也，轂之本義為輻所湊（《說文》），古文有小名代大名之例（見俞樾《古書疑義舉例》第三十三），此即以「轂」之小名代「車」之大名。進而有堅車可憑託以為足者，則其進之速可知，此亦《荀子》所謂「假輿馬而致千里」之意。故《太玄》曰：「狩有足，託堅轂也」。若讀穀之本義，則與此意不符。狩初一測辭：「若無行也」，次二測辭：「不利有攸往」，次三測辭：「短臨長也」，次四測辭：「仕無方也」，至次五測辭則曰：「位正當也」，此皆言進，文意相貫，而各有其序也。次五之辭亦與一、二、三、四之辭相對為文，若言至五則其德行大顯，利有攸往，仕進有方，得位正當，以長臨短也。狩之五為陽首陽贊，時當晝，辭最吉，一至四則皆有所不足，不可比擬也。綜觀一至五之辭，亦知「託堅穀」者，當言車以喻進也。

測曰：狩有足，位正當也。

范望曰：正當，君之位也。

次六：獨狩逝逝，利小不利大。

范望曰：宗廟之義，神靈所在，故稱逝逝，言其明也。鬼神之道，求之幽微，故利小也。

司馬光曰：小宋本逝逝作晰晰，今從諸家。

林希逸曰：逝逝猶去去也。獨進而自行，可以小事，不可以大事，言無助也。

葉子奇曰：逝逝，獨往之意。六在盛大之極，恃其盛大，遇事獨有所往，不資于人，小事尚或可以獨行，至于大事，苟或無助，則不利矣。

陳本禮曰：水，夜。逝逝，獨往之意。六居盛大之位，凡事不資於人，輒欲獨往自獵，以期詭遇，一朝而獲十禽，禽雖多，然非正也。在小事猶可，若軍國大事，苟或不正，則必有顛越之患矣。

鄭維駒曰：案：范當作晰，故訓明。補：《易》坤西南得朋，謂太陰於初三庚方得震，一陽為朋，上弦丁方得兌，二陽為朋，至晦則滅，乙而為純坤，今六得晦時，又在坤中，去兌二陽遠矣。不得朋故獨，獨則利小不利大，所謂睞小事吉也。案：《詩》：庭燎晰晰，朱子云：小明也。去陽遠，故云晰晰。

鈴木由次郎曰：一月二十九日，夜，水。逝逝，獨往。獨自狩獵，利于小事，不利大事。

文字校正：狩首次六：「獨狩逝逝，利小不利大」。此贊辭《集注》闕文，范注：「宗廟之義，神靈所在，故稱逝逝，言其明也」。今按：「逝」，《說文》：「往也，從辵，折聲」。古籍中「逝」無訓明者，且無用作聯綿語者，然則作「逝」恐非《太玄》原文，亦與文意不合。盧校：「注言其明也，是當作『晰晰』」。其說有理。然字當作「晰晰」，作「晰」亦誤。宋惟幹本作「晰晰」，范本《釋文》：「一作『晰晰』」，可為證。晰，「晣」字之異體，《說文》：「晣，昭晰明也，從日，折聲，《禮》曰：『晰明行事』」。既從日折聲，則字體上下之、左右之均可，原無一定之規。范注當即據《說文》之意而言也。晰既訓明，又多用作聯綿語，亦訓為明，《文選·東京賦》：「庭燎晰晰」，薛注：「晰晰，大光明也」。《詩·庭燎》：「庭燎晰晰」，《傳》：「晰晰，明也」。《廣雅·釋訓》：「晰晰，明也」，《詩·東門之楊》：「明星晣晣」，《傳》：「晣晣，猶煌煌也」。煌煌亦明也。是皆晰晰連文訓明之例。范注：「言其明也」，知范本原作「晰晰」，「獨狩晰晰」，謂獨進之明，不能與眾共進，獨進雖明，猶不可大，故曰「利小不利大」，狩之次六，陽首陰贊，當夜，故辭咎。

測曰：獨狩逝逝，不可大也。

范望曰：幽微之道，細以入神也。

次七：白日臨辰，可以卒其所聞。

范望曰：辰，時也。七為日，過時之王，高而無民，年老事終，正在於五，但當論道經書自娛，故言可卒其所聞也。

章詧曰：七為晝，君子也。七為盛大，日之象也。辰，時也。以君子之道，大明之德，而不居於中五之位，若唐堯垂老授舜，禹之百揆，則己之聖德不欲日彰，唯可卒其所聞見而已，則君子之道始終以德也。故測曰老得勢也。勢者，順時之宜也。

葉子奇曰：辰，時也。七為消、為衰，物將老之際，日欲落之時也。白日臨于此時，宜汲汲求聞于道，過此則非所及矣。

陳本禮曰：火，晝。辰，時也。七逢衰敗，物將老矣，桑榆雖晚，白日猶明，苟卒我所聞，尚可以網羅今古，涉獵未見，以卒我未竟之志也。《語》云：朝聞道，夕死可矣。昔衛武公年九十五，猶作懿戒之詩以自警，可謂耄而好學者矣。

孫澍曰：辰，時也。臨謂照臨。七為當晝，君子自強不息，晉德之象，故能終卒所聞。昔在元公，抑思待旦，聖學時習，加年學易，可以無大過是也。老，耄也。勢，盛也。得行道而有得於心也。老不倦，耄不怠，從心所欲不踰距，盛德之至也。又徐幹《中論》：學為心之白日，《玄》之取義取象如此。

鄭維駒曰：日與火同，故七云白日，次七禍始，方老時也，然時數皆陽，老當益壯，有臨辰之勢，無日昃之嗟，但求朝聞，不計夕死，其耄而好學者歟。

鈴木由次郎曰：一月三十日，晝，危十度，火。白日，白晝。辰，時。已是日暮，白日之光猶殘，自勵以成未實現之素志。喻努力而成功於晚年。

測曰：白日臨辰，老得勢也。

范望曰：子世父位，父得子榮，故得勢也。

陳本禮曰：勢，力也。謂得力用功於暮年也。

鄭維駒曰：得時數斯得勢矣。

次八：蚤虱之狩，厲。

范望曰：家性為狩，亦〔蚤虱〕狩附於人，故以為喻。厲，危也。蚤虱之性，苟尋而進，故危也。

林希逸曰：疏附之小人，如蚤虱然，只以自取危厲而已，不足賴恃也。

葉子奇曰：蚤虱，細小陰惡之物，但知咂人膏血以自養，此狀小人之殘民也。八以陰暗，是小人臨政，專務殘民養已，宜其危也。

陳本禮曰：木，夜。

鄭維駒曰：蚤虱附人身，陽氣而動，次八無陽，在禍中，故厲也。

鈴木由次郎曰：一月三十日，夜，木。蚤虱，喻細小陰惡之物，吸人之膏血而自養者。如同蚤虱，搾取民脂以自肥，危。

文字校正：狩首次八：「蚤虱之狩，厲」，《集注》本作「虱」，范注本「虱」中「虫」上少一橫。今按：當從《集注》本作「虱」。《說文》蚰部有「蝨」字，又有「蝨」字，皆從蚰，「蝨」，或省從蠱，作「蚤」，則「蝨」亦可省從蠱作「蚤」，其例一也。《廣韻》：「蝨，俗作蚤」，是其證。蝨，齧人跳蟲也，蝨，齧人蟲也，二字義近，故《太玄》以二字連文。范注：「狩附於人，故以為喻」。蚤蝨之蟲，皆附於人身，此亦證當作「虱」。「蚤」今作「虱」，又「蚤」之省，「蝨」無省作「蚤」者，然則范本作者，恐為「虱」之訛，且《集注》於此字無校語，可證范本原亦作「虱」，與《集注》本同。

測曰：蚤虱之狩，不足賴也。

范望曰：動以致危，故不足賴也。

葉子奇曰：言其見敗不及。

上九：全狩縈其首尾，臨于淵。

范望曰：首，始也。尾，終也。九為極，淵為一也。縈者，相眷之義。家性為狩，匍匐狩而進，從九反初〔七〕，故臨于淵也。

章詧曰：九為晝，處狩之終，故曰全狩縈。縈謂繾也。首，始也。尾，終也。家為金也，九亦金也，狩而相附，繾綣之心，欲其始終君子之道，常有憂憤，處狩之極，既極必困，兢兢如臨深淵，故測曰恐遇困也。明非在困也，蓋君子之心處極畏損也。

司馬光曰：二宋、陸本作全狩之縈縈其首尾尾臨于淵，今從范、王本。范本害作困，今從陸、王本。縈，音券，又厥萬切。小宋曰：縈，縛也。光謂：九為進大之極，進極則退，大極則消，君子欲全進大之道，非恭慎則不可，故恐懼如以繩繫首尾臨于淵，乃免咎也。

鄭氏曰：以眷念其人，故縈縛其首也。縈又有區喧、去願、居玉三切，或曰束腰繩也，或曰攘臂繩也，繩物縛物，攘臂束腰，為縛一也。

葉子奇曰：綦，區倦切。綦，繾綣也。范望曰：相眷之意。臨而至于極，是全臨也。全臨而存繾綣之意，其始終兢兢然若臨于淵，惟恐其有失墜也。

陳本禮曰：金，晝。九在金世，重剛而嗜殺，然遇晝逢陽，有不忍盡殺之意，但綦其首尾而已，猶欲全其生也。臨於淵者，謂凌險阻，入不測，設遇猛獸猝發，輿不及還轅，人不暇施巧，雖有逢蒙、烏獲之勇力不能施，豈不危乎？故曰恐遇困也。

鄭維駒曰：季冬行春令，則胎夭多傷，故矦以綦為全。臨於淵以喻龍也，震為龍。

鈴木由次郎曰：一月三十一日，晝，危十一度，水澤腹堅。綦，縛。狩獵之最善，為縛住所獲獵物之首尾而不殺之。然此如臨于深淵，極為危險。

文字校正：矦首上九：「全矦，綦其首尾，臨於淵」。二宋、陸本作「全矦之綦，綦其首尾，尾臨於淵」。《集注》本從范、王本，今按：范、王本是。測辭：「全矦之綦」，此乃贊辭之省括，二宋、陸本當即涉此而誤，下又衍一「尾」字。臨於淵者，非尾也，乃其首尾全體，知尾臨於淵者非是。綦，《說文》：「攘臂繩也」，此義與文意不合。范注：「綦者相眷之義」，亦非。宋惟幹：「綦，縛也」。司馬光：「以繩繫首尾」，是訓為縛系之義，雖與文意合，然與其字本義不合。綦，當讀為縢。綦，艹聲，縢，亦屬艹聲，故二字聲近可通。《說文》：「縢，緘也」。《書·金縢》序：「周公作金縢」，鄭注：「縢，束也」。《詩·小戎》：「竹閉緄縢」，毛《傳》：「縢，約也」，《莊子·胠篋》：「則必攝緘縢」，《釋文》引崔注：「縢，約也」，《禮記·少儀》：「甲不組縢」，疏：「縢是縛約之名」，然則「縢其首尾」謂緘縛約束其首尾也。矦首謂進、大之事，至上九為極，臨于淵喻其進其大已遇險難也，為全其矦，故須有所約束，縛約其首尾，不然則將遇害敗成也。縢其首尾，正與贊辭「臨於淵」、測辭「恐遇害」諸語相應，是可證其義也。范注未得其意，小宋、溫公雖訓為縛繫之義，然未讀破其字，亦猶有所不盡。

測曰：全矦之綦，恐遇困也。

范望曰：終始相矦，常恐至於困也。

陳本禮曰：自中首起，至矦首止，為天玄初九之九首，終，陽起陽終。

文字校正：范注本矦首上九測辭：「全矦之綦，恐遇困也」。《集注》本「困」作「害」。今按：當從《集注》本作「害」。次六測辭：「不可大也」，次七測辭：「老得勢也」，次八測辭：「不足賴也」，大、勢、賴、害，古皆屬月韻，正相

協和，是其證也。若作「困」，則於韻不協矣。《集注》：「范本『害』作『困』，今從二宋、陸、王本（嘉慶本脫「二宋」二字，《道藏》本脫「二字」，今依《集注》校語補足）」，是宋時范本已誤為「困」矣。

羨

☰ 羨：陽氣贊幽，推包羨爽，未得正行。

范望曰：一方二州一部一家。天玄，陰（原作陽，據《太玄》全書體例改）家，一水，下下，亦象臨卦。（葉子奇曰：陰家）行屬於水，謂之羨者，言萬物尚為陰氣所包。爽，差也。當差次而上，今乃在下，淫羨土中，未得正行，故謂之羨。羨之初一，日入危宿十二度也。

章詧曰：陽氣幽潛推助萬物之氣而使之繁盛，陰猶居外，包覆群彙，物之生進未遂正行。羨者淫羨也，物尚未得其正，陽為陰淫留其行也。測曰羨私曲也，未得公正而已也。

司馬光曰：羨，于線切。陰家，水，準小過，舊準臨卦，非也。王曰：羨者邪曲不正之象。光謂：《周禮》有璧羨，不圓之璧也。范曰：羨者言萬物尚為陰氣所包。爽，差也。光謂：萬物在幽，陽氣贊之，為陰所包，陽氣推之，雅曲差爽，未得挺然正行而出，故曰羨也。

鄭氏曰：羨，于霰切，延也，餘也，注言淫羨，乃此義也。

林希逸曰：準臨，羨，餘也，猶璧羨以起度之羨。

鄭氏曰：陽家，《玄》之陰陽以九天為主，而九家九贊皆從之者也。九天奇屬陽，耦屬陰，中天、從天、睟天、減天、成天，陽也。羨天、更天、廓天、沈天，陰也。天數在奇則一、三、五、七、九為陽，二、四、六、八為陰，而陰陽皆正也。天數在耦則二、四、六、八為陽，一、三、五、七、九為陰，則陰陽皆反也。蓋天者君也，以奇數為君則其理正，以耦數為君則其理反，故如此也。羨天之數在二，猶周首之數在二也。周首之初一猶羨天之羨首也，皆下下、一、水也。若以羨天之羨首為陽，則猶以周首之初一當晝也，其不可明矣。此蓋議者謂九天皆陽，而不知天道未嘗無陰也。且方州，天也，部家，地也，表贊，人也，人事成敗因於地，故贊之晝夜從其家之陰陽，地道得失因於天，故家之陰陽從其州之奇耦。州譬則諸侯也，家譬則大夫也，贊譬則陪臣也。以贊從家，以家從州，猶臣從君也，則不得專而從二以變矣。故羨天之羨首為陰，猶周首之初一當夜。舊說於天數在奇則得之，於天數在耦則失之，蓋知其正不

知其反，通其常不通其變也。若使家之陰陽、贊之晝夜得以自專，則與政在大夫而陪臣執國命者類矣，無乃亂乎！此害於《玄》理不得不辨也。推包讀，陽氣贊幽推包為句，言陽家於萬物贊助其幽微，推引於裏包，故注云萬物尚為陰氣所包也。羨爽未得正行為句，故注云爽，差也，當差次而上，今乃在下，淫羨土中，未得正行，為差忒不當，為差次未得正行乃羨爽之義，其為忒可知也。言是時陽氣贊幽推包，雖當趣上，又猶在中，蓋以淫羨差爽未得正行故爾，有遷延紆餘之意焉，故名曰羨也。師授句讀與舊注異，其說曰：陽氣贊幽，言陽於萬物贊導幽微也。推包羨爽，言雖羨溢爽忒，有推闡包容以涵養之也。未得正行，言善惡不分時勢當然，非理之正也。意義頗明，故附著之，覽者擇也。

陳仁子曰：羨者，淫羨而進者也。《玄》曰羨私曲何也。物之大，必觀其初而求大之亟者，每或詭遇於其初，故方淫而進之之始當本於正而不可趨於曲。杞柳之杯棬始之直者，尚患其曲，松柏之擁腫始之曲，又烏能橅其直。故《易》於臨說順之後，既曰臨大也，又大亨以正。《玄》於一之迂途，三之不如，五之興憂，亦皆勉以正，故《玄》象臨有二首，狩則幸陽氣之大，羨則淑陽氣之所以大，即臨之大亨而正也。故大難而正者難。

葉子奇曰：幽，物尚微而未盛，未盛則陽氣贊助之。包，陰尚裹而未開，未開則陽氣推盪之。此則春初乍暖乍寒之候也。故陽氣為陰所遏，邪羨差爽，未得正行也。羨之初一，日入危宿十二度。

陳本禮曰：陰家，一，水，下下，卦準小過。《傳》：羨，邪曲不正之象，贊，助，包，裹也。是時土氣才疏，堅冰未泮，幽物之鑽而未出者，則陽贊助之，包物之緘而未開者，則陽盪析之。羨爽，物之卷曲於土吉者，不能挺然直出，故曰未得正行。

孫澍曰：羨準小過，《太玄》以剛失位，而柔得中，小人用壯，君子用罔。

鄭維駒曰：羨義同衍，小過象重坎，臨之二陽，為四陰所包，欲推而出，未得正行，故衍溢而有差爽也。

鈴木由次郎曰：第十首，陰，一水。一方二州一部一家。羨，邪曲不正之象。爽，差。陽氣尚在土中，暗助草木，草木尚被陰氣所包而未開，陽氣則推動草木生長。陰氣猶紛雜，草木不能直上生長。

文字校正：羨首，范注：「亦象臨卦」。《集注》：「準小過，舊準臨卦，非也」。《集注》準小過卦，是，鄭維駒《太玄經易補注》亦準小過。《太玄》之首準《周易》之卦，《玄》首與所準《易》卦，其義皆相近可通。如中首

準《易·中孚》，周首準《易》之《復卦》，上首準《易·升卦》，礥首準《易》之《屯（屯與礥皆謂難，又，《易·說卦》：「屯者，物之始生也」，《太玄》礥首首辭：「動而礥礥，物生之難」，義亦相通），少首準《易·謙卦》，戾首準《易·睽卦》（《易·序卦》：「睽者乖也」，戾亦乖），童首準《易·蒙卦》，增首準《易·益卦》，從首準《易·隨卦》，進首準《易·晉卦》（《序卦》：「晉者進也」），釋首準《易·解卦》，樂首準《易·豫卦》，爭首準《易·訟卦》，務首、事首準《易·蠱卦》（《序卦》：「蠱者事也」），減首準《易·損卦》，聚首準《易·萃卦》，積首準《易·大畜卦》，飾首準《易·賁卦》（《序卦》：「賁者飾也」），視首準《易·觀卦》，養首準《易·頤卦》（《序卦》：「頤者養也」），窮首準《易·困卦》，割首準《易·剝卦》，失首準《易·大過卦》，難首準《易·蹇卦》（《序卦》：「蹇者難也」），更首準《易·革卦》，斷首準《易·夬卦》（《序卦》：「夬者決也」，決、斷義通），毅首準《易·夬卦》（決斷故毅），裝首準《易·旅卦》，眾首準《易·師卦》（《序卦》：「師者眾也」），密首、親首準《易·比卦》，斂首準《易·小畜卦》，彊首、盛首準《易·乾卦》，馴首準《易·坤卦》，盛首準《易·大有卦》，居首準《易·家人卦》，遇首準《易·姤卦》（《序卦》：「姤者遇也」），竈首準《易·鼎卦》，大首準《易·豐卦》（《序卦》：「豐者大也」），文首準《易·渙卦》（蓋讀為煥），禮首準《易·履卦》（《序卦》：「物畜然後有禮，故受之以履」，《說文》：「禮，履也」，禮、履一聲之轉），逃首準《易·遯卦》，常首、永首準《易·恒卦》，昆首準《易·同人卦》，《太玄》與《易》既有如此對應關係，則羨首則當準《易·小過卦》，不當準《易·臨卦》。《序卦》：「臨者大也」，《雜卦》：「小過，過也」，羨，邪曲之義，《玄衝》：「羨私曲」，《玄錯》：「羨曲」，羨次二范注：「羨，邪也」，是其證。邪曲之義與過差之義相近，羨又訓過，《淮南·精神》：「有天下不羨其神」，注：「羨，過也」，可知羨之義近《小過》，而遠於《臨》。羨首首辭：「推包羨爽」，羨謂邪曲，爽謂差爽（段玉裁《說文注》：「爽本訓明，明之至而差生焉，故引伸訓差也」），皆過差之義。羨首下為差首，羨、差義近，差首準《易·小過》，羨首亦當同之，準《小過卦》也。綜觀羨首初一至上九之辭，亦皆過差之義。

初一：羨於初，其次迂塗。

范望曰：行屬於水，一亦為水，家性淫羨，流屈無常，故言迂塗。迂塗，曲縈之貌也。

司馬光曰：一為思始，始初而邪，則次後難正矣，故曰其次迂塗。《易》曰：君子作事謀始。

葉子奇曰：次，次第在後也。一為思之始，當羨邪之初，既邪于初，則其後必致迂曲，其行不復得其正也。此人之作事所以貴于正始乎。

陳本禮曰：水，夜。

鄭維駒曰：其次者，猶言其後也。始基之不正，其後必迂其塗。蒙之不養，作聖曷由哉。塗，震象。

鈴木由次郎曰：一月三十一日，夜，水。迂塗，曲而不直之路。初邪則次之亦必迂邪不直。

測曰：羨于初，後難正也。

范望曰：淫羨屈縈，難正以直道也。

次二：羨于微，克復可以為儀。

范望曰：羨，邪也。儀，法也。二為平人，雖在邪俗，從之微淺，而反正道，故可以為法也。

司馬光曰：二為思中，邪而未遠，所失尚微，若能自復於中，猶可以為法也。《易》曰：不遠復，無祗悔，元吉。

葉子奇曰：二居下之中，在陽而明，能審其思者也。雖或微有差失，則便能復之，不至于貳過，故可以為法也。此言與《易》不遠復之義同。

陳本禮曰：火，晝。

鄭維駒曰：二得陽時，陽能自照，有不善未嘗不知，知之未嘗復行，克己以復於禮，故曰可以為儀。

鈴木由次郎曰：二月一日，晝，危十二度。微小之時雖邪，若復從中道，亦能合乎法則。

次二：羨于微，克復可以為儀。

范望曰：羨，邪也。儀，法也。二為平人，雖在邪俗，從之微淺，而反正道，故可以為法也。

司馬光曰：二為思中，邪而未遠，所失尚微，若能自復於中，猶可以為法也。《易》曰：「不遠復，無祗悔，元吉。」

葉子奇曰：二居下之中，在陽而明，能審其思者也。雖或微有差失，則便能復之，不至于貳過，故可以為法也。此言與《易》不遠復之義同。

陳本禮曰：火，晝。引溫公注。

鄭維駒曰：二得陽時，陽能自照，有不善未嘗不知，知之未嘗復行，克己以復於禮，故曰可以為儀。

測曰：羨微克復，不遠定也。

范望曰：反之即是，故不遠也。

葉子奇曰：定，平復也。

次三：羨迂塗，不能直如。

范望曰：三為進人，進德修業而邪其道，故不直也。

司馬光曰：范本作迂塗，今從宋、陸本。羨至於三，失道浸遠，不若直往之善也。

葉子奇曰：三逢夜陰，已過于中，故邪行于紆曲之塗，不能直如也。

陳本禮曰：木，夜。

鄭維駒曰：三在陽晦中，初之迂塗，三實由之，故不能直如。

鈴木由次郎曰：二月一日，夜，木。走邪道，則不能直行。

文字校正：羨首次三：「羨迂塗，不能直如」。范本作「迂」，測辭同，《集注》本作「於」，測辭同。今按：當作「於」，羨首初一：「羨於初」，次二：「羨於微」，皆言羨於某，知其句式一也。次三同初一、次二，亦當作「羨於某」。今作「迂」者，涉初一之辭「其次迂塗」而訛也。或以為迂與直對，當以「迂」為是，不知與直對者乃「羨」也，非「迂」。次二范注：「羨，邪也」，《玄衝》：「羨私曲」，《玄錯》：「羨曲」，知《太玄》以羨為邪曲，而與直為對，故曰：「羨於塗，不能直如」（測辭：「不能直行」），而非以「迂」與「直」相對而言。

測曰：羨迂塗，不能直行也。

范望曰：家性邪迂，故不能直也。

鄭維駒曰：初言難，而三直決其不能，三之不能，自初始也。

次四：羨權正，吉人不幸。

范望曰：家性為邪，四在臣位，雖當從俗，權而自正，謂（原作為，從《四庫》改）如微倖之人也。

司馬光曰：君子之道未常曲也，其有曲者，遭時不得已而行之，以權正也。

權者，權其輕重，所曲者小，所正者大，非不幸不可為也。若孔子與蒲人盟而適衛，答南子之拜之類是也。善反常者，雖反常道，志在於善也。

葉子奇曰：四為大臣，上逼君位，當羨邪之世，五既不君，為羨邪之主，大臣不得已乃行權而放廢之，如湯武伊霍是也。事雖反常，未離乎正，蓋權而得其正也。然此事豈聖賢之本心哉，蓋遇其時不能不然，此聖賢之不幸也。

陳本禮曰：金，晝。

鈴木由次郎曰：二月二日，晝，危十三度，金。權，變，臨機應變。變通常法而合乎道。邪曲之世，用臨機應變之法，以得正，此非聖賢本意。

測曰：羨權正，善反常也。

范望曰：反之於常法也。

鄭維駒曰：反常者權也，善反常者，權而正也。

文字校正：羨首次四測辭「羨權正，善反常也」。范注：「反之于常法也」。是讀「反」為「返」，不合《玄》意。司馬光：「善反常者，雖反常道，志在於善也」，是讀為違反之反，此說是。反常承善權正而言，羨者邪曲，正者貞正，君子以正道為常，以曲屈為反常，此其大度也。然君子能屈能伸，審時度勢以順之而已，不得其時，則作暫時之權變，此亦不得已也。贊辭所謂「吉人不幸」，即此意也。范注訓為徼倖之人，亦非。《孟子·離婁》上：「嫂溺援之以手者，權也」。趙注：「權者，反經而善也」。《公羊》桓公十一年傳：「權者，反於經然後有善者也」。《後漢書·周章傳》論：「權也者，反常者也」。羨次四測辭「羨權正」「善反常」云云，與此諸說同。正即經、即常，知權變之宜者，雖有所反，而終未違離正道，故謂之「善反常」，即反常之善者，與之相反者為惡、反常，即反常之惡者。「善反常」者，知權變之宜，不善反常，則不知權變，一味固執，不察時勢之變，則有皎皎易汙、嶢嶢易折之害，反而不能保守貞正之道。楊雄深明此理，故於王莽代漢之時而不去。《太玄》「善反常」者，亦雄聊以自辯之辭也。羨首次八《集注》：「君子屈其節者，以避禍患也，其終也歸於正而已」。《法言》曰：「塗雖曲而通諸夏，則由諸。川雖曲而通諸海，則由諸」。又曰：「水避礙則通于海，君子遇礙則通於理」。此亦善反常之意，正可與次四之意互證。楊雄人生哲學由此可見一斑，謂之明哲保身可也。

次五：孔道夷如，蹊路微如，大輿之憂。

范望曰：五，君位也，亦為大車，大車，老〔君〕所乘也。家性為邪，大道平易，舍而不從，而從蹊徑，故為憂也。

司馬光曰：宋、陸本大作泰，今從范、王、小宋本。蹊，音奚。王曰：孔道謂空道也。蹊，邪徑也。空道坦夷，不之踐履，蹊路微狹而遵之，又乘大車，必見覆敗，憂其宜矣。光謂：踐田成徑謂之蹊，大輿以象聖人之道，人所載也。五為中和，故曰孔道夷如。然其時當夜，為小人，故曰蹊路微如。孔子曰：攻乎異端，斯害也已。《老子》曰：大道甚夷，而民好徑。

葉子奇曰：孔道，大道也。夷，平也。蹊路，小路也。大輿，大君所乘。五為邪羨之主，舍大道而趨旁蹊，能不為大輿之憂乎。

陳本禮曰：土，夜。

鄭維駒曰：震為大塗，孔道也。艮山，五為徑，路，蹊路也。土類為輿，范我馳驅，必於王道，微如之徑，何以行之哉。

鈴木由次郎曰：二月二日，夜，土。孔道，大道。夷如，平坦貌。蹊路，小路。大輿，大君所乘之車。大道平坦，反舍之而行小路，此大車之所以憂。

文字校正：羨首次五：「孔道夷如，蹊路微如，大輿之憂」。王涯：「孔道猶空道也」。今按：孔道當訓大道，王說非是。范注：「大道平易」，又曰：「何不遵大道也」，其說得之。司馬光：「《老子》曰：『大道甚夷，而民好徑』」，此即《太玄》所本（徑即蹊，謂小路也）。《老子》：「孔德之容」，王注：「孔，大也」，是其證。孔，典籍多訓為甚，甚亦有大義，如《孟子·梁惠王》下：「王之好斥甚」，趙注：「甚，大也」。《左》昭二十八年傳：「甚口」，《正義》：「甚口者謂大口也。」然則孔、甚、大三字義實相通也。

測曰：孔道之夷，奚不遵也。

范望曰：何不遵大道也。奚，何也。

葉子奇曰：責之也。

鄭維駒曰：怪而問之也。

次六：大虛既邪，或直之，或翼之，得矢夫。

范望曰：六處高位，下之所宗，故有直翼之佐矣。矢，正也。佐之以直，虛邪消除，故曰得正夫也。

司馬光曰：大虛謂神所宅也。矢夫，直臣也。羨而過中，故曰大虛既邪。當日之晝，故或直之，或翼之，得賢臣以正其邪也。齊桓公得管仲，行若狗彘，強伯諸侯。衛靈公得仲叔圉、祝佗、王孫賈，雖無道而不喪。

鄭氏曰：夨，古矢字，經皆從古，其作矢者，後人誤改也。

葉子奇曰：六居盛極而不中，宜有虛偽邪枉之失，幸值晝陽之明，故或有以直之，或有以輔之，由其得直臣之多也。矢夫，直臣也。

陳本禮曰：水，晝。矢夫，直臣也。引葉注。

鄭維駒曰：陰為虛為邪，大指五，六近君而得陽道，直之翼之，非枉己以正人者，武侯之於後主，梁公之於武后，其無愧矣矢夫之稱乎。

鈴木由次郎曰：二月三日，晝，危十四度，節分。水。大虛，神之所住。矢夫，直臣。神所住之大虛已邪，然若得賢臣而正之，亦能助之。

測曰：虛邪矢夫，得賢臣也。

范望曰：以正自輔，故得賢臣也。

次七：曲其故，迂其塗，厲之馴。

范望曰：馴，順也。家性為邪，七為失志，性邪道迂，故厲也。以五自奉，血食萬姓，故順也。

章詧曰：七為夜，小人也。是羨之時見君子既邪，遂曲直乃事，迂其道，冒其危而順之，測謂故作意者，知其邪而從順之也。六為君子，故直之，七為小人，故曲意順之。厲，危也。馴，順也。

司馬光曰：范、王、小宋本訓作馴，今從宋陸本。

葉子奇曰：故，已然之成法。七為失志，不能直從其已然之成法，而迂曲其所行，顧乃危之順也。

陳本禮曰：火，夜。

孫澍曰：厲，戾也，猶言病也。訓謂師保之訓，故為回邪，發出狂咈，其耇長不循先王之正道也。七為禍始，當日之夜，邦家杌棿見矣，猶不自求多福，而曰我生不有命在天，前如商紂，後如隋煬帝攬鑑自謂好頭顱，誰當砍之，為作意也何如。

鄭維駒曰：已曲而又曲，為曲其故，遂非怙過，有意而作，益以危厲為常，由初馴致之也。

鈴木由次郎曰：二月三日，夜，火。故，事，以往的法律。厲，危。馴，順。同「危之漸」，逐漸至於危險。不從故事，而好新奇，邪曲其行，此為危身之階梯。

文字校正：羨首次七：「曲其故，迂其塗，厲之訓」。《集注》本作「訓」，范注本作「馴」。今按：馴、訓二字古皆川聲可通。《周禮・地官・序官》：「土

訓」，《釋曰》：「司農訓讀為馴」，《史記・五帝本紀》：「能明馴德」，《集解》引徐廣：「馴，古訓字」。《孝文本紀》：「教馴其民」，《正義》：「馴，古訓字」。《萬石張叔列傳》：「馴行孝謹」，《集解》引徐廣：「馴，一作訓」。《衛世家》：「聲公名訓」，《索隱》作「馴」，皆是其例。然考《太玄》之意，此當以作「馴」為正，作「訓」則文意不明。范注：「馴，順也」，《集注》闕文無解。「屬之訓」者，謂雖屬而馴服也。次七為禍始，故屬，次七辭意，上承次五、次六，下啟次八、上九。次五言大道夷如，而不之遵，喻始邪也，次六言大虛既邪而得矢夫賢臣以為輔弼，喻雖邪曲而有賢輔也，次七雖已入禍，然承六之得賢臣，故雖屬而猶有所馴服也，謂尚未至大壞。至次八則在禍中，故當羨其足以避凶事，上九為禍極，則軸折吐血而不可悔也，謂邪曲至極則為災也。五、六、七、八、九，文意一脈相承，謂自始邪曲而至於邪之極也。次七若作「屬之訓」，訓者說教也（《說文》），則與此意不符矣。

測曰：曲其故，為作意也。

范望曰：在上為神，為神後祠，作祐助之意也。

葉子奇曰：作意謂尚新奇以棄故實。

陳本禮曰：作意謂尚新奇也。

次八：羨其足，濟于溝瀆，面貞。

范望曰：面，向也。貞，正也。溝瀆之難，人所避也，邪〔所〕行避之，則可以濟。其世雖邪，邪行避難，所向則正也。

司馬光曰：面，向也。八為禍中而當晝，故邪其足者以避溝瀆也。君子屈其節者，以避禍患也，其終也歸於向正而已。《法言》曰：塗雖曲而通諸夏，則由諸。川雖曲而通諸海，則由諸。又曰：水避礙則通於海，君子避礙則通於理。

葉子奇曰：足，所行也。面，所向也。溝瀆，險難之地也。當羨邪之世，不暇正行，期以濟于險難，全身免禍而已，毋害其趨向之正也。愚按：行正則向正，行邪則向邪，未有行邪而所向則正之理。楊子仕于莽朝，自謂屈身伸道，遜于不虞，以保天命，為當此贊之義也非矣。

陳本禮曰：木，晝。

鄭維駒曰：當羨之世，據要津求利涉者，皆凶事耳。羨其足，迂其行，不求速也。雖溝瀆羨而非辱詰曲，詰曲無傷我足，其楚狂之貞乎。小過象重坎，坎為溝瀆。

鈴木由次郎曰：二月四日，晝，危十五度，立春，木。溝瀆，喻險難之地。面，向。邪曲之世，不從大道，而渡溝瀆，為全身免禍，所向在於正道。

測曰：羨其足，避凶事也。

范望曰：向善避惡，道之正也。

陳本禮曰：可以知子雲之志矣。

鄭維駒曰：八禍中，故凶事。

上九：車軸折，其衡拐，四馬就括，高人吐血。

范望曰：九，金也。金者，乾君之象也。括，會也。拐，折也。軸折衡拐，故四馬會也。高人，賢者也。血以潤體，祿以榮臣，故以血為喻也。上失其道，賢者奔亡，故言吐血也。

司馬光曰：二宋、陸本拐作相，今從范、王本。拐，音月。范曰：拐，折也。光謂：括，結也。行邪不已，至於禍極，故軸折衡拐，四馬絓結，而車上之人被傷也。高人以喻在高位者。

鄭氏曰：拐，舊音月，按：《說文》：拐，折也。蓋物之所折，猶月之缺也。

林希逸曰：拐音月，折也。括，結也。車將行而軸與衡俱拐，四馬又有縶結，車上之高人必墜而有傷，至於吐血也。言非道求贏餘，反以取禍。

葉子奇曰：拐音月，拐，折也。括，結也。吐血，有所傷也。上為羨邪之極，失道之甚者也。故致軸折衡拐，馬括人傷也。

陳本禮曰：金，晝。拐，折也。括，結也。馬蹄攢蔟如結也。國家大事去矣，滿朝豈無忠貞報國之人，然軸折馬括，欲行而力不能，此忠臣志士所以憤激而至於吐血也。

孫澍曰：九為禍極而當夜，軸折衡拐，薔害孰甚焉。四馬括，高人血，《大學》所謂雖有善者亦無如之何矣，雖悔可追。

俞樾曰：樾謹按：括當讀為廥，《說文》广部：廥，芻稾之藏也，軸折衡拐，則車不可行，故四馬反而就廥也。廥從會聲，括從昏聲，兩聲相近。話，籀文作諙，即其例也。《詩·車舝》篇：德音來括，毛傳曰：括，會也。括之訓會，亦以聲近而義通。《儀禮·士喪禮》：鬠用組，鄭注曰：古文鬠皆為括。《尚書·禹貢》篇：杶幹栝柏，《史記集解》引鄭注曰：柏葉松身曰栝，《爾雅·釋木》篇則曰：檜，柏葉松身，然則以括為廥，猶以括為鬠以栝為檜矣。

鄭維駒曰：象重坎，坎為輿多眚，互兌毀折，故軸折衡拐。震為馬，陰為血，兌口吐之。括即繫辭動而不括之括，就括者，馬不行也。

鈴木由次郎曰：二月四日，夜，金。衡，車轅端橫木。拐，折。括，結。高人，指忠臣義士。車軸折，車衡折，牽車而結四馬之蹄，不得前進，以至於忠臣義士憤激吐血，嘆昏君不知後悔。

文字校正：羨首上九：「車軸折，其衡拐，四馬就括，高人吐血」。宋、陸本「拐」作「相」，乃「拐」之訛，《說文》：「拐，折也」，正與「車軸折」相應，是其證。括，范注：「會也，軸折衡拐，故四馬會也」，以為會聚之會，非是。俞樾《諸子平議》：「括，當讀為『廥』。《說文》廣部：『廥，芻稾之藏也』。軸折衡拐，則車不可行，故四馬反而就廥也」。訓為廄廥之廥，意謂四馬舍也（《史記・趙世家》《集解》引徐廣：「廥，廄之名」。《說文》：「廄，馬舍也」），俞說不確。此羨首上九，乃陰首陽贊，時當夜，其辭當咎，四馬之返舍，則為得其所也，此非咎辭，不合《玄》例，豈有軸折衡拐高人吐血之時，而其馬獨得安然返舍之理哉？必無是理，然則俞說不可取也。括之義當從司馬光，訓為結，盧校：「括，結礙也」，亦是。《說文》手部：「括，絜也」。《釋名・釋姿容》：「絜，結也」。故括可訓結。《易・坤》：「括囊，無咎無譽」，虞注及《釋文》、《繫辭》「動而不括」韓注及《釋文》、《春秋公羊序》「故道隱括」《釋文》、《淮南・齊俗》「羌人括須」高注、《漢書・公孫劉田王楊蔡陳鄭傳贊》集注、《王嘉傳》集注，皆訓括為結。又，《左傳》「衛北宮括，字子結」，《後漢書・鄭玄傳論》：「括囊大典」，《崔寔傳》：「括囊守祿」，《楊賜傳》：「括囊避咎」，李注亦皆訓括為結，是皆其證。括、絜，古皆見母月部字，音同故義通而可互訓。結，見母質部字，與「括」為一聲之轉，故義亦可通。括結言束縛也，《釋名・釋姿容》：「結，束也」，《文選・西京賦》：「置罟之所羂結」，薛注：「結，縛也」，皆其例證。既被括結束縛，實有礙也，故盧校曰：「括結礙也」，亦其引申之義。四馬就括者，言車既折軸拐衡，是其顛覆之象，高人吐血而傷無能為也，牽車之馬礙于殘破之車，括結束縛而不能解脫，亦不得行也。如此方可與「車軸折，其衡拐，高人吐血」諸語文意相合不違，而貫通一致也。上九之辭言車顛覆，馬疲人傷之象，正與次五「孔道夷如，蹊路微如，大輿之憂」之辭相呼應，此亦可為證也。《說文》人部：「佸，會也」，佸、括古皆昏聲，形亦相近，故古亦可通，《詩・車舝》：「德音來括」，《釋文》：「『括』，本亦作『佸』」，是其例。然則范注訓括為會，蓋讀「括」為「佸」矣，顧與文意不合，不如「括，結也」之訓為善。

測曰：軸折吐血，終不可悔也。

范望曰：臣之於君，不合則去，亦悔也。

陳本禮曰：人臣生當亂世，遇至愚之君，雖粉身報國，其如君終不悔何。

鄭維駒曰：上九禍終，由羨於初馴致之也。

差

☰ 差：陽氣蠢闛於東，帝由群雍，物差其容。

范望曰：一方二州一部二家。天玄，陰家，二火，下中，象小過卦。行屬於火，謂之差者，立春節，帝出于東，陽氣用事，群生〔陰〕雍容在於地中，差次而出，故謂之差。差之初一，日入危宿十六度也。

司馬光曰：陽家，火，準小過。入差三十三分二十二秒，日次娵訾，立春氣應，斗建寅位，律中太簇，次五日舍營室。差者，過之小者也。陽氣動開於東，天道由於眾和，物容差殊，差之象也。

陳仁子曰：差者，陽再交於陰而過也。陽前交地六之陰，則背而戾，今再交地二之陰，自首以差，何也。理謹乎微而慎乎大，戾者微而交陰，其性不合，猶可言也，差者大而交陰，其過漸彰，不可長也。易於四陰在外二陽在內，陰多於陽，而卦象坤，曰小者過也。玄以微陽再交地二，象小過而亦言差，初一之儆失自攻，初二之初好漸差，四之小漸不克，以至九贊之中常恐過而不改者，其謹之又甚於戾矣。

葉子奇曰：蠢，動，闛，開，雍，和也。帝出乎震，東方也。立春節也。差，不齊也。差之初一，日入危宿十六度。

陳本禮曰：陽家，二，火，下中，日次娵訾，斗建寅，律中太簇，立春節應，卦準小過。《傳》：差，改，蠢，動，闛，開也。雍，和也。《易》曰：帝出乎震，《月令》：孟春其帝太皞，其神句芒，蠢闛者，青陽開動，根荄以遂，皆雍和次第而出，氣象一新，如有神助之者然，故物改其容也。

孫澍曰：差準小過，《太玄》以直利貞，君子秉德不回。

鄭維駒曰：震為帝，正月卦氣始於小過，言陽氣蠢動，闛艮門而出於寅，帝以群物含和氣而出，物之萌芽，差錯其容也。

鈴木由次郎曰：第十一首，陽，二火，一方二州一部二家。差，差錯。蠢，動。雍，和。陽氣動出東方。天帝出行，群物相和，草木出于土中，有千差萬別之態。

初一：微失自攻端。

范望曰：一為下人，家性為差，差次當上，而在火世，當相克害，而自攻治，以道自正，故曰端也。

章詧曰：一為晝，君子為水而居火家，水克於火，動有克本之毀，君子之道不遠復，故能自治，故曰微失自攻端。處差之世，不免小失，故治也。未形於外，故曰人未知也，若無貳過之說。范注謂不為二五所知，義亦非特二五也。

司馬光曰：一為思始，其差尚微，人未之見，苟能自治，不害於正也。

葉子奇曰：當差之初，微有所失，而即知自治，則正矣。

陳本禮曰：水，晝。攻，克治也。端，始。家性屬火，一為思始而當晝，雖有微失，能以水滅火，自攻其端，故不致大有所失也。

鈴木由次郎曰：二月五日，晝，危十六度，東風解冰。水。端，始。缺點尚微，人不知之，此時治之，則不至於大過。

測曰：微失自攻，人未知也。

范望曰：微失反正，不為二五所知也。

葉子奇曰：人未知而已獨知之，即知自治，此聖學慎獨之功也。與羨次二贊義同。

鄭維駒曰：人知其失，攻之何及矣。

次二：寖其所好，將以致其所惡。

范望曰：二，火也。而在火行，二火合同，是其所好，所惡者親近於水，水盛火衰，故惡也。

章詧曰：二為夜，小人也。小人之道，若差失之時，不能自明，將遂差進而自之。所好之人，廢而不用，眾惡之人，致之而進，雖未彰於過惡，而為差失之階漸也。寖猶廢也，故測曰漸以差也。一為君子，微失在心而能改正，二為小人，事始乎失，為差之基也。

司馬光曰：王本寖作寢，今從宋、陸、范本。好，呼報切。惡，烏路切。寖，漸也。所好謂利欲也，所惡謂禍殃也。二為思中而當夜，惑於利欲，寖以差失，將至禍殃也。

葉子奇曰：好惡皆去聲。寖，漸也。好，佚樂也。惡，喪亡也。家性為差，二復陰暗不明，是漸習其佚樂之好，將致其喪亡之惡，此玉杯所以為輿馬之漸而紂以焚，飛燕所以為淫泆之木而成以斃，自古及今，以佚樂致喪亡者多矣。習之易荒，覺已難悔，可不監哉。

陳本禮曰：火，夜。

鄭維駒曰：好惡不爽，初心也。惡而改之，初心喪也。

鈴木由次郎曰：二月五日，夜，火。浸，漸。所好，指利欲。所惡，指禍。惑於利慾，漸離正道，則必招禍。

測曰：浸其所好，漸以差也。

范望曰：宜以漸差次而進之也。

次三：其亡其亡，將至于暉光。

范望曰：木盛則華，故曰暉光。重言其亡其亡者，安不忘危，戒懼也。進德脩業，兢兢自懼，防微慮無，遂致光榮也。

司馬光曰：王曰：震，懼也。光謂：三為思上而當晝，能知其過，常若將亡，震懼自衛，乃至暉光也。

葉子奇曰：其亡其亡，在治安而常虞喪亡之及也。三逢晝陽之吉而能思，故能安不忘危，治不忘亂，終能保其治安，而將至于暉光之盛也。

陳本禮曰：木，晝。

鄭維駒曰：艮為暉光，主爻在上，故曰將至。

鈴木由次郎曰：雖在和平之世，常恐滅亡之至而取保安之策，則榮光閃輝。

測曰：其亡其亡，震自衛也。

范望曰：震，懼也。恐懼（戒）自衛護也。

葉子奇曰：震懼，自守也。此贊與《易》否卦九五爻義同。

陳本禮曰：震，懼也。

鄭維駒曰：震不於外，於其內也，震為驚衛。

次四：過小善不克。

范望曰：過，去也。四為公侯，親近至尊，奉上接下，唯善是務。《易》曰：小人以小善為無益而弗為也。善不積不足以成名，不為小善，故曰不克。克，能也。小善不為，終不能大善乎。

司馬光曰：小人偏介，不協中庸，過於小善，不能至大也，如尾生、鮑焦、要離之類。

葉子奇曰：夫小善者全體之分，大德者萬殊之本，是積小善始能成大德。今過差于小善，豈能成其大德乎。四在差世逢陰，是小人以小善為無益而不為也。《書》曰：不矜細行，終累大德，過小善不克之謂也。

陳本禮曰：金，夜。過，失也。蓋以小善為無益而不為也。

鈴木由次郎曰：二月六日，夜，金。不益小善，則不至大德。

測曰：過小善，不能至大也。

范望曰：小而不為，焉能至大也。

鄭維駒曰：善小而不為，將過小而為之，求至大善，更無望矣。

次五：過門折入，得此中行。

范望曰：門謂四，中行謂五也。家性為過，見善而入〔行〕，則為中也。五處天位，雖在過家，不違於義也。

章詧曰：五為晝，君子。過門謂行而近過門也。折入謂反而入也。中行，中道也。謂才覺其過，遂反而得乎中道也。行取其行過之義。中道謂五為土而居中，故測曰近復還也。方過而未入，過以門為說，非以四謂門也。范注非。

司馬光曰：范本彼作此，今從宋、陸本。折，之列〔舌〕切。家性為差，五為中和，如行已過門而能折入，不失其中行也。

葉子奇曰：門喻道義，猶《孟子》義路禮門之譬。五居中而當陽，然在差世，雖或過于道義，旋悟其非，迺能折旋而復入。是其遷善徙義，得此中行之道也。

陳本禮曰：土，晝。

鄭維駒曰：小過以艮止為貞，以震往為厲，艮為門，已過門而復折入，則復於艮止，何過之有？次五於小過為艮震之中，震動過艮門而復不過，故云中行。

鈴木由次郎曰：二月七日，晝，室一度，土。道義之門素通，若悟非遷善，則不失中道。

測曰：過門折入，近復還也。

范望曰：去過反貞，故近還也。

次六：大跌，過其門，不入其室。

范望曰：跌，過也。過門而去，不入室者，嫌為五所克。水在火行，心不自安也。

司馬光曰：六過於中，跌已大矣。過門不入，遂至失所也。孔子曰：過而不改，是謂過矣。

鄭氏曰：跌，注云過也，音亦。

葉子奇曰：跌，仆也。六已過中，又在夜陰，是過而不知反者也。故曰大跌過其門。門且不入，豈能造其室乎？

陳本禮曰：水，夜。跌，仆也。大跌謂遇五也。水被土克，故大跌也。過其門不入其室，嫌為所克，故不敢入其室也。

鄭維駒曰：跌震足象震往屬，故大跌。六為夜人，大跌非小懲也，而復不入，不知懼也。

鈴木由次郎曰：二月七日，夜，水。六之水負于五之土，大跌仆。雖過道義之門，卻不入其門而改過遷善，甘于自暴自棄。

測曰：大跌不入，誠可患也。

范望曰：患有克害之災也。

陳本禮曰：遭遇大跌，不思改過遷善，是甘於自暴自棄也。故可患。

次七：累卵業業，懼貞安。

范望曰：業業，危也。貞，正也。七為火，在火之行，懼其炎盛，故危。無道之王〔世〕，常如累卵，故以諭。而自戒懼，故正安。

司馬光曰：過以入禍，故曰累卵。當日之晝，故能自危。臨禍而懼，則不失正安矣。

葉子奇曰：累卵業業，言其勢之危也。七在禍初，以其得陽，故能戒懼而得貞安也。

陳本禮曰：火，晝。

鄭維駒曰：所謂懼以終始，其要無咎。

鈴木由次郎曰：二月八日，晝，室二度，火。業業，危之貌。累卵極危。若恐慎自戒，則不失正而安泰。

測曰：累卵業業，自危作安也。

范望曰：戒之以危，危必安也。

葉子奇曰：生于憂患，死于安樂。

次八：足纍纍，其步蹀躞，輔銘（鑢）滅輔。

范望曰：纍纍，履桎貌也。過而不改，身既被桎，又見鉗銘，輔鑢掠剠，故曰滅眉也。

司馬光曰：范本蹀躞作蹉躚，王本作蹉襄，今從二宋、陸本。蹉，七何切。

躔，汝陽切。躍，倉回切。小宋曰：躔躍，急行貌。光謂：輔，頰車也。銘當作名，目上為名，麋與眉同。足纍纍，其步躔躍，謂邪行不已，履禍浸深而不自知也。故陷輔及名，至於滅眉，猶《易》之過涉滅頂也。

鄭氏曰：纍，力追切。注云：履桎貌也，謂縲繫也。或作纍。躔，汝兩切。蹉，行失也。輔，牙車也。麋，古眉字，《荀子》言伊尹面無鬚麋，輔銘滅麋者，其輔銘而滅於麋，是墨刑也。

葉子奇曰：蹉，土何切。躔音壤。麋眉通。蹉躔，足見纍縶拘蹇貌。輔銘，即荷校也。八在禍中而居陰極，是過而不知還，以致禍之極也。足縶而至拘蹇，荷校而至滅麋，其凶極矣。惡積罪大，雖欲改可得乎。

陳本禮曰：木，夜。躔音襄。輔作酺，麋同眉。纍纍，足桎梏也。蹉躔，步欲行而拘蹇也。輔銘，黥面，滅麋，髡首也。八在禍中而值差世，積差至於禍極，而不知警，故其凶若此。此為蹈禍不省執迷不悟者而發。

孫澍曰：輔，上頜也，本馬融。

鄭維駒曰：麋與眉同，《荀子・非相》：伊尹之狀面無鬚麋，古來有過者有黥面之刑，面有墨，猶器之有鉤，所以徼其後也。今墨自口輔而上，至於滅麋，則犯之數數矣。小過互兌輔象，《玄數》：八為面，輔與麋皆在面也，滅麋正從《易》滅趾滅鼻生義。

鈴木由次郎曰：二月八日，夜，木。纍纍，足被繫而不得行。蹉躔，步欲行而受拘束不得行。輔銘，罪人臉上刺墨。輔通酺，頰。銘通名，目之上為名。滅麋，髡首，古刑之一種，剃髮之刑。麋通眉。足被繫縛而不得行。臉刺墨，髮被剃，遭禍而不省，迷而不悟。

文字校正：差首次八：「足纍纍，其步躔躍」。范本作「蹉躔」，誤，當從《集注》本作「躔躍」。躍、纍古皆微韻字，此正協韻，亦與下文「麋」字音協（脂韻，微歌同類旁轉，參見王力《同源字典》）。若依范本，則「躔」（陽韻）與「纍」「麋」不協矣。由此知范本誤倒。范本「躍」作「蹉」，二字聲近，古可通用。躍，初母微韻。蹉有二音，一為清母歌韻，一為初母歌韻，微歌屬同類通轉，清初，一為齒頭音，一為正齒音，是為準雙聲，可知二字古音相近，故可通假。盧校：「段玉裁云：『躔』字必誤」，其說非。段蓋依從范本，以躔、纍、麋不韻故云然也，不知范本誤倒，不可為據。盧氏以為當作「距躔」，然又云：「字書不載『躔』字，當更考之」，是盧氏尚未能斷定，亦不足取。宋惟幹：「躔躍，急行貌」。其說是。《廣韻》：「躔，急行」。《文選・傅毅舞賦》：「擾

躟就駕」，李注：「《埤蒼》：『躟，疾行貌』」。《集韻》：「躟躟，急行」。「躟」又
作「𨇦」、「趯」，古之從足、從彳、從走者可通。《廣韻》：「躟，行急貌。趯，
逼也」。是「躟」「趯」皆有急行之義。盧氏以為：「夫足為履桎，安能疾行？」
是於文意未憭故也。差之次八乃陽首陰贊，時當夜，其辭咎，差首之義為過，
次八之過，其足雖已履桎而纍纍難行，然其時不當，不知知難而退，仍欲急行，
以致銘輔滅纇，是其過也。測辭：「履禍不還也」，即謂次八不明時勢，不當行
而強行之，雖已履禍，不知返還也。是迷途不知返之意，然則疾行與履桎，實
無矛盾也。盧氏以履桎而不能疾行，致疑「躟」乃「躟」字之誤，而又不能考
定之，此其誤，亦反證「躟」字不誤。范注雖未釋二字之義，然謂過而不改，
已得贊辭之意矣。

　　差首次八：「足纍纍，其步躟躟，輔銘滅纇」。盧校：「『銘』為『銘』，《說
文》：『銘，鬄也』，言鬄去髮也。」《集注》：「輔，頰車也」。銘，當作「名」，
目上為名，「纇」與「眉」同。范注：「過而不改，身既被桎，又見鉗銘，輔纇
掠剠（盧校：「段云：『掠』當作『剠』，二字通」），故曰滅眉也」。今按：當作
「銘輔滅纇」，輔、纇二字之義當從范注、《集注》，訓頰車及眉。銘，非「銘」
之訛，盧說誤。以「銘」訓鬄，則輔銘、銘輔皆不辭，可證盧說非是。若依《集
注》讀作「名」，則輔銘、銘輔皆與「滅纇」不對，一為名加名，一為動加名，
故不對。且此一句之中，三名一動，亦不合文例。然則讀「銘」為「名」，訓
為目上之義，亦不通也。「銘」當訓為勒刻。《文選・東京賦》：「歷世彌光」，
薛注：「銘，勒也」。同《東京賦》注引《字林》：「銘，題勒也」。《文賦》：「銘
博約而溫潤」，注：「銘以題勒示後」。《考工記・㮚氏》：「其銘曰」，注：「銘，
刻之也」。《國語・魯語》：「故銘其栝曰肅慎氏之貢矢」，注：「刻曰銘」。《晉語》：
「其銘有之」，注：「刻器曰銘」。《禮記・祭統》注：「銘謂書之刻之以識事者
也」，是皆銘刻勒刻之例也。然「輔銘」猶與「滅纇」不對（「纇」與「纍」「躟」
為韻，知當作「滅纇」），此句文例當統一，范注「輔纇掠剠」，亦以「輔纇」
二字為比，知當作「銘輔」，以與「滅纇」相對為文。或有「銘心」一語，然
則「銘輔」之用，其例一也。「銘輔」謂刻字於輔也，亦即古之墨刑，又謂之
黥面也。《書・呂刑》：「爰始淫為劓刵椓黥」，鄭注：「黥謂羈黥人面」，《正義》：
「黥面即墨刑也」。《周禮・司刑》：「墨罪五百」，注：「墨，黥也，先刻其面以
墨窒之」。《漢書・刑法志》：「墨罪五百」，注：「墨，黥也，鑿其面以墨涅之」。

《禮記‧文王世子》:「宮、割、臏、墨、劓、刖」,《正義》:「墨刑刻其面」,是其證也。墨黥不止面頰,亦墨其額顙,即人之面部最顯眼之處。「滅鼻」,或即鬎去其眉以墨其額顙也。然則「銘輔滅鼻」,皆謂墨黥之刑也。《荀子‧正論》:「墨黥」,注:「墨黥,世俗以為古之重罪」,「銘輔滅鼻」,亦用此義,而與上文「足纍纍」、「其步躘蹌」語意相承,言其履禍漸深,而不思改悔,終致遭受重罪也。故測辭曰:「履禍不還也」。此皆可證當作「銘輔滅鼻」,始合乎文例,又不違於文意也。

測曰:足纍纍,履禍不還也。

范望曰:不早自改,故不還也。

陳本禮曰:不早改悔。

鄭維駒曰:不還者,不出禍中也。震足為步為履。

上九:過其枯城,或蘗青青。

范望曰:九為上極,極上反下,故蘗青青。枯,虛也。枯城謂故都也。家性為過,過位而上,故歷故都也。

司馬光曰:蘗,牙葛切,木斬而復生曰蘗。過而不已,至於禍極,故曰過其枯城。枯城者,亡國之象也。然當日之畫,君子能改過自新,興衰起廢者也,故曰或蘗青青也。

鄭氏曰:蘗,魚列切,木餘也。

葉子奇曰:過極而能悔,將有善端之萌,猶過枯木之城而萌蘗復青青矣。《孟子》牛山木之喻,與此意同。

陳本禮曰:金,晝。

鄭維駒曰:四九為城,過極於上,善念不萌,如城之枯,然上九得陽氣,有萌蘗之生焉,小過在初春,草木萌動之始也,故改過復善者似之。

鈴木由次郎曰:二月九日,晝,室三度,金。枯城,亡國之都。蘗,重生之芽,伐木之後,從遺根新生之芽。過而不改,如處亡國之都,身陷此運,若能改過,則能更生青芽,以獲新生。

測曰:過其枯城,改過更生也。

范望曰:窮上反初,更生之謂也。

陳本禮曰:不經一番磨折痛楚,焉得改過更生。